はしがき

― 身近な商売の経理ないし商業簿記・会計の原理を学ぼうとする人へ ―

　本書は、公益社団法人全国経理教育協会（いわゆる全経）・簿記能力検定試験（後援／文部科学省・日本簿記学会）3級商業簿記の『公式問題集』である。本書と合わせて、別に『公式テキスト』が刊行されているので、これも手元に置いて学習されることを奨めする。

　全経では、企業を取り巻く近年の経済・経営環境の変化に対応すべく、経営管理の基礎となる簿記ならびに会計の見直し作業を行ってきた。その結果は、令和6年度より実施されることになった「簿記能力検定試験出題範囲」表に掲載されている。

　本問題集は、この範囲表を受け、既述の『公式テキスト』に沿った形で、練習問題を掲載しているが、本番の試験問題は、おおよそ次のような構成を取っているので、受験にあたって参考にして欲しい。ただし、順番、内容等は目安である。

第1問　仕訳問題
第2問　会計構造：貸借対照表と損益計算書の関係ないしこれに付随する問題
第3問
第4問　}小口現金出納帳や商品有高帳など帳簿に係る問題
第5問　8欄（桁）精算表

　以上により、まんべんなく3級商業簿記の能力を評価・判定し、合格者の能力と水準を保証することになる。
　簿記の学習には、繰り返しの練習が不可欠である。本『問題集』により、技能を磨かれ、合格証書を手にされることを祈っている。

令和6年2月

JN076324

一橋大学名誉教授・商学博士
新田　忠誓
ネットスクール株式会社
桑原　知之

簿記能力検定試験受験要項

試　験　日	年4回（5月、7月、11月、2月）実施 ※5月と11月は上級を除きます。

受験資格　男女の別，年齢，学歴，国籍等の制限なく誰でも受けられます。

受　験　料
（税込）

上級		7,800 円	2 級　商業簿記　2,200 円
1 級　商業簿記・財務会計		2,600 円	2 級　工業簿記　2,200 円
原価計算・管理会計		2,600 円	3 級　商業簿記　2,000 円
			基礎簿記会計　1,600 円

試験会場　本協会加盟校　※試験会場の多くは専門学校となります。

申込方法　協会ホームページの申込サイト（https://app.zenkei.or.jp/）にアクセスし，メールアドレスを登録してください。マイページにログインするためのIDとパスワードが発行されます。

　　　　　上級受験者は，試験当日，顔写真付の「身分証明書」が必要です。

　　　　　マイページの検定実施一覧から検定試験の申し込みを行ってください。2つの級を受けることもできます。

　　　　　申し込み後，コンビニ・ペイジー・ネットバンキング・クレジットカード・キャリア決済・プリペイドのいずれかの方法で受験料をお支払ください。受験票をマイページから印刷し試験当日に持参してください。試験実施日の2週間前から印刷が可能です。

試験時間　試験時間は試験規則第5条を適用します。開始時間は受験票に記載します。

合格発表　試験日から1週間以内にインターネット上のマイページで閲覧できます。ただし，上級については2か月以内とします。※試験会場の学生，生徒の場合，各受付校で発表します。

［受験者への注意］

1. 申し込み後の変更，取り消し，返金はできませんのでご注意ください。
2. 上級受験者で，「商簿・財務」の科目を受験しなかった場合は「原計・管理」の科目を受験できません。
3. 受験者は，試験開始時間の10分前までに入り，受験票を指定の番号席に置き着席してください。
4. 解答用紙の記入にあたっては，黒鉛筆または黒シャープペンを使用してください。
　簿記上，本来赤で記入する箇所も黒で記入してください。
5. 計算用具（計算機能のみの電卓またはそろばん）を持参してください。
6. 試験は，本協会の規定する方法によって行います。
7. 試験会場では試験担当者の指示に従ってください。

　この検定についての詳細は，本協会又はお近くの本協会加盟校にお尋ねください。

検定や受付校の詳しい最新情報は，全経ホームページでご覧ください。「全経」で検索してください。
http://www.zenkei.or.jp/

郵便番号　170-0004
東京都豊島区北大塚1丁目13番12号
公益社団法人　全国経理教育協会
　　TEL　03（3918）6133
　　FAX　03（3918）6196

基礎簿記会計・3級商業簿記

1．会計基準及び法令は毎年4月1日現在施行されているものに準拠する。

基礎簿記会計	3級商業簿記	基礎簿記会計	3級商業簿記
簿記会計学の基本的素養が必要な営利・非営利組織	小規模株式会社	簿記会計学の基本的素養が必要な営利・非営利組織	小規模株式会社
1　簿記の基本構造		7．商品	
1．基礎概念（営利）		a．分記法	
a．資産，負債，純資産			b．売上原価対立法(個別/月次)
b．収益，費用			c．三分法
c．損益計算書と貸借対照表との関係			返品
2．取引			売上帳・仕入帳
a．取引の意義			
b．取引の種類			e．払出原価の計算
c．取引の構成要素（8要素）			先入先出法
3．勘定			商品有高帳
a．勘定の分類			
b．勘定記入の原則	評価勘定	9．固定資産	
c．仕訳と転記		a．有形固定資産の取得	
d．貸借平均の原理			固定資産台帳
4．帳簿			
a．主要簿			e．減価償却
仕訳帳			定額法
（現金出納帳）			記帳法・直接法
総勘定元帳			
b．補助簿		13．純資産（資本）	
（次の2諸取引の処理参照）		a．資本金	
		b．引出金	
	5．証ひょう	14．収益と費用	
		商品販売益，家賃収入，	売上，雑益など
2　諸取引の処理		サービス収入など，受取利息	仕入，交際費，支払手数料，
1．現金預金		給料，広告費，水道光熱費，	租税公課，雑損など
a．通貨	通貨代用証券	発送費，旅費，交通費，	
現金出納帳		通信費，消耗品費，	
	b．現金過不足	修繕費，支払家賃，支払地代，	
	c．小口現金	保険料，雑費，支払利息	
	小口現金出納帳		15．税金
d．普通預金			a．所得税
	e．当座預金		b．固定資産税
	当座預金出納帳		c．消費税（税抜方式）
	i．定期預金	3　株式会社	
	（一年以内）	1．資本金	
		a．設立	
3．売掛金と買掛金			
a．売掛金，買掛金	売掛金（得意先）元帳，	3．利益剰余金	
	買掛金（仕入先）元帳		
		b．その他利益剰余金	
		繰越利益剰余金	
4．その他の債権と債務等			
a．貸付金，借入金		6　決算	
	b．未収（入）金，未払金	1．試算表	
	c．前払金（前渡金），		2．決算整理
	前受金(予約販売を含む)		商品棚卸，減価償却，
	d．立替金，預り金		貸倒見積，現金過不足，
	e．仮払金，仮受金		営業費用の繰延と見越
		3．精算表	
		6欄（桁）精算表	8欄（桁）精算表
	5．有価証券	4．収益と費用の損益勘定	
	a．有価証券の売買	への振替	
	6．貸倒れと貸倒引当金	5．純損益の資本金勘定	
	a．貸倒れの処理	への振替	繰越利益剰余金勘定への振替
	b．差額補充法	6．帳簿の締切り	
		英米式	
		繰越試算表	
		7．財務諸表	
		a．損益計算書と貸借対照表	
		勘定式・無区分	
		7　その他の組織形態の会計	
		5．非営利団体	
		a．収入，支出	
		b．現金出納帳	
		c．元帳	
		d．試算表	
		e．会計報告書	

全経 簿記能力検定試験 公式問題集 3級商業簿記
CONTENTS

試験 標準勘定科目表

基礎簿記会計

標準的な勘定科目の例示は、次のとおりである。

資 産 勘 定	現　　　　金	普 通 預 金	売 掛 金	商　　　　品	貸 付 金	建　　　物
車両運搬具	備　　　　品	土　　　　地	負 債 勘 定	買 掛 金	借 入 金	純資産（資本）勘定
資 本 金	収 益 勘 定	○ ○ 収 入	商品販売益	役 務 収 益	受 取 利 息	費 用 勘 定
給　　　　料	広 告 費	発 送 費	旅　　　　費	交 通 費	通 信 費	水道光熱費
消 耗 品 費	修 繕 費	支 払 家 賃	支 払 地 代	保 険 料	雑　　　　費	支 払 利 息
その他の勘定	損　　　　益	引 出 金				

3級　商業簿記

標準的な勘定科目の例示は、次のとおりである。なお、基礎簿記会計に示したもの以外を例示する。

資 産 勘 定	小 口 現 金	当 座 預 金	定 期 預 金	有 価 証 券	繰 越 商 品	消 耗 品
前 払 金	支 払 手 付 金	前 払 家 賃	前 払 地 代	前 払 保 険 料	従業員貸付金	立 替 金
従業員立替金	未 収 金	仮 払 金	仮払消費税	負 債 勘 定	未 払 金	未 払 税 金
未 払 給 料	未 払 広 告 費	未 払 家 賃	未 払 地 代	前 受 金	受 取 手 付 金	預 り 金
従業員預り金	所得税預り金	社会保険料預り金	仮 受 金	仮受消費税	純資産（資本）勘定	繰越利益剰余金
収 益 勘 定	売 上	有価証券売却益	雑 益	雑 収 入	費 用 勘 定	売 上 原 価
仕 入	貸倒引当金繰入（額）	貸 倒 損 失	減 価 償 却 費	交 際 費	支 払 手 数 料	租 税 公 課
有価証券売却損	雑 損	その他の勘定	現 金 過 不 足	貸 倒 引 当 金		

問題編

Section 1・2　自分貸借対照表を作ろう！自分損益計算書を作ろう！

資産・負債・純資産（資本）に属する代表的な勘定科目には、次のようなものがあります。

●資産の例

現　　　　金	：所有している金銭や他者振出しの小切手など
普 通 預 金	：預金者が自由に預け入れたり引き出したりできる銀行の預金
売 　掛　 金	：商品を掛けで販売した場合に生じる債権
商　　　　品	：お客さんに販売するための品物
未 　収　 金	：商品以外を売却した場合に生じる債権
貸 　付　 金	：他人に金銭を貸した場合に生じる債権
備　　　　品	：コピー機・ファックス・電話器・パソコン・事務机など
車両運搬具	：営業用トラック・車など
土 　　　 地	：会社の敷地
建　　　　物	：会社の事務所・倉庫など

勘定科目は暗記する必要はありません。とくに大切な勘定科目は繰り返し出てくるため、自然に覚えてしまいます。ただ「○○は資産だな」というように、5要素のうち、どれに該当するのかは、ざっくりとチェックしておきましょう。

●負債の例

買 　掛　 金	：掛けで商品を購入した場合に生じる債務
未 　払　 金	：商品以外（備品など）を購入した場合に生じる債務
借 　入　 金	：他人から金銭を借り入れた場合に生じる債務

●純資産（資本）の例

資 　本　 金	：自由に使える、元手となる資金。

収益・費用に属する代表的な勘定科目には、次のようなものがあります。

●収益の例

売　　　　上	：商品を販売することによって得た代金
有価証券売却益	：保有する他社発行の株式や社債、国債等を売却したことにより得た利益
受 取 利 息	：他人に金銭を貸した場合に生じる利息

●費用の例

給 　　　 料	：従業員に支払う給料
広 　告　 費	：テレビ、ラジオのコマーシャルやバナー広告などの支出
交 　通　 費	：定期代・タクシー代など
水道光熱費	：水道料・電気代・ガス代など
支 払 家 賃	：ビルのテナントに入っている場合などに支払う家賃
支 払 地 代	：他人から土地を借りている場合に支払う代金
支 払 利 息	：他人から金銭を借りた場合に支払う利息

貸借対照表と損益計算書

●**貸借対照表**：一定のタイミング（ふつう決算日）における財政状態を示す報告書

資産・負債・純資産（資本）の各項目とその残高を集めて貸借対照表を作成します。

貸 借 対 照 表

×2年3月31日

資　　　　産	金　　額	負債および純資産	金　　額
現　　　　金	×××	借　入　金	×××
貸　付　金	×××	資　本　金	×××
備　　　　品	×××		
	×××		×××

●**損益計算書**：一会計期間における経営成績を示す報告書

収益・費用の各項目とその残高を集めて損益計算書を作成します。

損 益 計 算 書

×1年4月1日～×2年3月31日

費　　　　用	金　　額	収　　　　益	金　　額
仕　　　　入	×××	売　　　　上	×××
給　　　　料	×××	受　取　利　息	×××
広　告　費	×××		
当　期　純　利　益	×××		
	×××		×××

●**貸借対照表と損益計算書にかかわる公式**

貸借対照表と損益計算書にかかわる公式として、次の公式があります。

> **純資産等式：資　　　産　－　負　　　債　＝　純　資　産**

→資産から負債を差し引いて自由に使える資金（元手）を計算します。

> **貸借対照表等式：資　　　産　＝　負　　　債　＋　純　資　産**

→貸借対照表の借方の合計金額と貸方の合計金額は一致することを表します。

> **財産法の公式：期末純資産　－　期首純資産　＝　当期純利益（マイナスは純損失）**

→期末純資産と期首純資産との比較から、当期純損益を計算します。

> **損益法の公式：収　　　益　－　費　　　用　＝　当期純利益（マイナスは純損失）**

→収益と費用の比較から、当期純損益を計算します。なお、財産法の結果と損益法の結果は一致します。

> **損益計算書等式：費　　　用　＋　当期純利益　＝　収　　　益**

→損益計算書の借方の合計金額と貸方の合計金額は一致することを表します。

Section 1·2 自分貸借対照表を作ろう！ 自分損益計算書を作ろう！

問題 1 勘定科目の分類

基本：★★★☆☆　解答・解説 P.2　日付　／　／　／

▼(1)次の勘定科目を資産、負債、純資産（資本）、費用、収益に分類しなさい。
なお、資産…a　負債…b　純資産（資本）…c　収益…d　費用…e の記号で答えること。

①現　　　金　　②借　入　金　　③資　本　金　　④受 取 利 息　　⑤広　告　費
⑥支 払 地 代　　⑦売　掛　金　　⑧支 払 利 息　　⑨消 耗 品 費　　⑩買　掛　金
⑪備　　　品　　⑫貸　付　金　　⑬建　　　物　　⑭水 道 光 熱 費　⑮有価証券売却益

①		②		③		④		⑤	
⑥		⑦		⑧		⑨		⑩	
⑪		⑫		⑬		⑭		⑮	

▼(2)答案用紙の貸借対照表、損益計算書の空欄に入る適切な語句を、以下の語群の中から選び記入しなさい。

語群　収益　費用　資産　負債　純資産

問題 2 貸借対照表、損益計算書

基本：★★★☆☆　解答・解説 P.2　日付　／　／　／

▼次の文章の①、②に適当な言葉を補って、文章を完成させなさい。

財務諸表のうち、企業の財政状態を報告するものを（　①　）、一会計期間の経営成績を報告するものを（　②　）という。

①_____　②_____

Section 3 貸借対照表と損益計算書

問題 3 貸借対照表の作成と計算

基本：★★★★☆ | 解答・解説 P.3 | 日付 / / /

▼(1)Ｘ8年4月1日に開業した九州商店の資産と負債、純資産は、次のとおりである。これによりＸ8年4月1日現在の貸借対照表を作成しなさい。

現　　金 ¥580,000　　備　　品 ¥500,000　　借　入　金 ¥400,000
資　本　金 ¥（　　？　　）

貸 借 対 照 表

九州商店		Ｘ8年4月1日		（単位：円）
資　　産	金　　額	負債および純資産	金　　額	

▼(2)(1)の九州商店の開業1年後（Ｘ9年3月31日）の資産と負債、純資産は、次のとおりである。これによりＸ9年3月31日現在の貸借対照表を作成しなさい。

現　　金 ¥470,000　　売　掛　金 ¥380,000　　備　　品 ¥500,000
買　掛　金 ¥300,000　　借　入　金 ¥250,000　　資　本　金 ¥（　　？　　）

貸 借 対 照 表

九州商店		Ｘ9年3月31日		（単位：円）
資　　産	金　　額	負債および純資産	金　　額	

▼(3)次の表の空欄に適当な金額を記入しなさい。

（単位：円）

期首純資産(資本)	期末資産	期末負債	期末純資産(資本)	当期純利益
165,000	385,000	（①　　　　　）	210,000	（②　　　　　）
380,000	（④　　　　　）	275,000	（③　　　　　）	52,000
（⑤　　　　　）	（⑥　　　　　）	190,000	230,000	58,000

問題 4 　**貸借対照表と損益計算書にかかわる公式①**

　　　　　　　基本：★★★☆☆　　解答・解説 P.4　**日付**　／　　／　　／

▼次の資料1〜3によって、期首純資産・期末純資産・費用総額・当期純利益の各金額を求めなさい。なお、期中において純資産を直接的に増減させる取引はなかった。

　1．期首：現金　　70,000　当座預金　1,870,000　売掛金 530,000　未 収 金　750,000
　　　　　　商品　390,000　車両運搬具 1,400,000　買掛金 510,000　借 入 金 1,000,000
　2．期末：現金　　30,000　当座預金　2,710,000　売掛金 610,000　未 収 金　900,000
　　　　　　商品　430,000　車両運搬具 1,260,000　買掛金 470,000　借 入 金　800,000
　　　　　　未払金 800,000
　3．この期の収益の総額：2,020,000

期首純資産	期末純資産	費 用 総 額	当期純利益
¥	¥	¥	¥

問題 5 　**貸借対照表と損益計算書にかかわる公式②**

　　　　　　　基本：★★★☆☆　　解答・解説 P.4　**日付**　／　　／　　／

▼次の(1)〜(3)の各金額を求めなさい。なお、当期に損益取引以外で生じた純資産の変動はないものとする。

期首純資産	期末資産	期末負債	期末純資産	収益	費用	当期純利益
(1)	32,500,000	(2)	6,500,000	(3)	3,750,000	250,000

(1)	期首純資産	¥
(2)	期 末 負 債	¥
(3)	収　　　　益	¥

Chapter 2 **とおるポイント**

Chapter 1
Chapter 2
Chapter 3
Chapter 4
Chapter 5
Chapter 6
Chapter 7
Chapter 8
Chapter 9
Chapter 10
Chapter 11
Chapter 12

Section 1 **仕訳ってなに？**

●簿記上の取引

　次に示すのは簿記上の取引と、一般にいう取引の相違を図にしたものです。

　図の（イ）は簿記上の取引ですが、一般にいう取引でないものを示し、（ロ）は一般にいう取引ですが、簿記上の取引ではないものを示しています。

一般にいう取引と簿記上の取引の違い

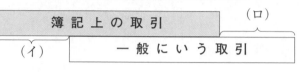

簿記上の取引だけを仕訳します。これは実際にお金などが動いたものだけを帳簿に書き込んでおくためです。

【イとロの例】

　a．取引先の東京商会と商談をした。

　b．従業員を雇い入れた。

　c．店舗が火災のため焼失した。

　d．店の現金が盗難にあった。

（イ）に該当するものは上記のcとd、（ロ）に該当するものはaとbです。

●仕訳とは

　簿記上の取引を借方要素と貸方要素に分解し、それぞれの勘定科目と金額を決定し、記帳することをいいます。

よく受験生の方から「仕訳がわからないから次へ進めない」と聞きます。しかし、少々わからないことがあっても、先に進むことによって後になってわかることも多いので、こわがらずどんどん先に進んでください。

●取引要素の分解

　次の簿記上の取引を借方要素と貸方要素に分解すると、次のようになります。

　1．本日現金を出資して（元入れして）開業した。

　2．現金を借り入れた。

　3．広告費を現金で支払った。

　4．普通預金から現金を引き出した。

　5．借り入れた金額を現金で返済した。

1．（借方）現　　　金：**資産の増加**　　　（貸方）資　本　金：**純資産（資本）の増加**

2．（借方）現　　　金：**資産の増加**　　　（貸方）借　入　金：**負債の増加**

3．（借方）広　告　費：**費用の増加**　　　（貸方）現　　　金：**資産の減少**

4．（借方）現　　　金：**資産の増加**　　　（貸方）普通預金：**資産の減少**

5．（借方）借　入　金：**負債の減少**　　　（貸方）現　　　金：**資産の減少**

Section 2 勘定と転記

●転記

仕訳した結果を勘定口座に書き写していくこと。

●転記ルール

仕訳の借方は勘定口座の借方に、仕訳の貸方は勘定口座の貸方に書き写します。

4月 1 日	(借)現　　　金	500	(貸)資　本　金	500
4月15日	(借)現　　　金	800	(貸)貸　付　金	650
			受 取 利 息	150
4月28日	(借)給　　　料	150	(貸)現　　　金	400
	支 払 家 賃	250		

上記の仕訳を勘定口座に記入すると、次のようになります。

```
              現        金                            資  本  金
4/ 1 資本金   500  4/28 諸  口 01) 400            4/ 1 現  金   500
   15 諸  口 01) 800


              貸  付  金                           受 取 利 息
   (省　略)        4/15 現  金   650              4/15 現  金   150


              給        料
4/28 現  金   150


              支 払 家 賃
4/28 現  金   250
```

⚠ 01) 相手勘定科目が２つ以上のときは、「諸口」と記入します。

現金勘定を見てください。仕訳を転記しておくことで、現金の増加と減少が１カ所に集計されており、「４月中に現金を¥1,300もらった」、「４月中に現金を¥400支払った」ということや、「現金の残高が¥900（＝¥1,300－¥400）である」ということがひと目でわかります。このように、１ヵ所に集計してあると様々な情報が得られて便利です。転記はそのために行うものなんです。

仕訳帳と総勘定元帳

Section 3

仕訳帳から総勘定元帳への転記の例を示します。

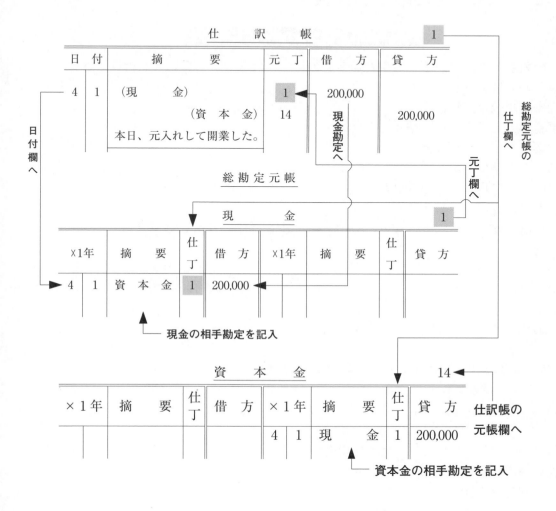

転記のルール
借方の金額はその勘定科目の勘定口座の借方に
貸方の金額はその勘定科目の勘定口座の貸方に　転記します。
摘要欄には相手勘定を記入します。

Section 1　仕訳ってなに？

問題 1　簿記上の取引と要素

基本：★★★☆☆　　解答・解説 P.5　　日付 ／ ／ ／

▼(1)次の取引の中で簿記上の取引となるものに○、ならないものに×を付けなさい。

①銀行から借入れをした。
②金庫の現金が盗難にあった。
③事務所の賃貸借契約を結んだ。
④従業員を１人雇うことにした。
⑤倉庫が火事で全焼した。
⑥取引銀行に現金を預け入れた。
⑦営業車両を現金で購入した。
⑧新店舗を建築することになり、その工事を建設会社に依頼した。

(1)

	①		②		③		④	
	⑤		⑥		⑦		⑧	

▼(2)次の取引を（例）に従って５要素に分解しなさい。

（例）現金 ¥700,000 を出資して、商品売買業を開業した。

　　　　　　借方要素　　　　　　　　貸方要素
［資　産］の（増加・~~減少~~）、［純資産（資本）］の（増加・~~減少~~）

①備品 ¥250,000 を購入し、代金を現金で支払った。
②大分商店に対する借入金 ¥140,000 を現金で返済した。
③受取利息 ¥7,000 を現金で受け取った。
④銀行から ¥20,000 を現金で借り入れた。
⑤宮城商店から貸付金 ¥20,000 の返済を現金で受けた。

(2)　　　　　　借方要素　　　　　　　　　貸方要素
　　①［　　　］の（増加・減少）、［　　　］の（増加・減少）
　　②［　　　］の（増加・減少）、［　　　］の（増加・減少）
　　③［　　　］の（増加・減少）、［　　　］の（増加・減少）
　　④［　　　］の（増加・減少）、［　　　］の（増加・減少）
　　⑤［　　　］の（増加・減少）、［　　　］の（増加・減少）

問題 2 取引の仕訳

基本：★★★★☆ 　解答・解説 P.6　日付 ／ ／ ／

▼次の取引について、以下の勘定科目群の科目を用いて仕訳を示しなさい。

勘定科目群	現　　金　　普通預金　　貸付金　　借入金　　資本金
	給　　料　　支払家賃　　広告費　　支払利息

4月1日　現金 ¥500,000 を出資して、小売業を開業した。

5日　南海銀行より現金 ¥100,000 を借り入れた。

10日　現金 ¥200,000 を普通預金に預け入れた。

12日　広告代理店に広告費 ¥25,000 を現金で支払った。

15日　網野商会に現金 ¥80,000 を貸し付けた。

18日　借入金 ¥60,000 を現金で返済した。

20日　当月分の家賃 ¥180,000 を現金で支払った。

22日　網野商会に貸し付けた ¥80,000 が返済され、現金を受け取った。

24日　普通預金から現金 ¥100,000 を引き出した。

25日　従業員に対して給料 ¥150,000 を現金で支払った。

28日　借入金 ¥40,000 を利息 ¥1,000 とあわせて現金で返済した。

	借　方　科　目	金　　額	貸　方　科　目	金　　額
4 / 1				
4 / 5				
4 /10				
4 /12				
4 /15				
4 /18				
4 /20				
4 /22				
4 /24				
4 /25				
4 /28				

Chapter 1　Chapter 2　Chapter 3　Chapter 4　Chapter 5　Chapter 6　Chapter 7　Chapter 8　Chapter 9　Chapter 10　Chapter 11　Chapter 12

問題 **3** 勘定転記①

基本：★★★☆☆　解答・解説 P.8　日付 ／　／　／

▼次の仕訳を(1)、(2)の指示に従って答案用紙の略式の勘定口座（Ｔフォーム）に転記しなさい。

4/ 1	(借)	現　　　　金	500,000	(貸)	資　本　金	500,000
4/ 5	(借)	現　　　　金	100,000	(貸)	借　入　金	100,000
4/10	(借)	給　　　　料	200,000	(貸)	現　　　　金	200,000
4/12	(借)	現　　　　金	240,000	(貸)	借　入　金	240,000
4/25	(借)	広　告　費	30,000	(貸)	現　　　　金	30,000
4/28	(借)	借　入　金	60,000	(貸)	現　　　　金	65,000
	(借)	支　払　利　息	5,000			

(1) 金額と日付を転記しなさい（相手勘定不要）。

現　　　金　　　　　　　　　　　　　　借　入　金

給　　　料　　　　　　　　　　　　　　資　本　金

広　告　費　　　　　　　　　　　　　　支　払　利　息

(2) 相手勘定も含め、すべて転記しなさい。

現　　　金　　　　　　　　　　　　　　借　入　金

給　　　料　　　　　　　　　　　　　　資　本　金

広　告　費　　　　　　　　　　　　　　支　払　利　息

基本：★★★☆☆ 　 解答・解説 P.9 　 日付 ／ ／ ／

▼次の取引を仕訳して、勘定口座（略式）に転記しなさい。勘定口座には日付、相手勘定、金額を転記するものとする。

　7月1日　現金 ¥500,000 を元入れして会社を設立し、営業をはじめた。
　　　4日　備品 ¥100,000 を買い入れ、代金は現金で支払った。
　　　12日　現金 ¥100,000 を借り入れた。
　　　13日　広告費 ¥9,000 を現金で支払った。
　　　18日　借入金 ¥50,000 を現金で返済した。
　　　27日　給料 ¥76,000 を現金で支払った。
　　　30日　現金 ¥100,000 を貸し付けた。

	借　方　科　目	金　　額	貸　方　科　目	金　　額
7／1				
7／4				
7／12				
7／13				
7／18				
7／27				
7／30				

現　　金

貸　付　金

備　　品

借　入　金

資　本　金

給　　料

広　告　費

Section 3 仕訳帳と総勘定元帳

問題 **5** 仕訳帳と総勘定元帳への記入

基本：★★☆☆☆ 　解答・解説 P.10　 日付 ／ ／ ／

▼次の取引を仕訳帳に記入し、総勘定元帳に転記しなさい。ただし、元丁欄には転記したもののみ記入すること。勘定科目は、総勘定元帳にあるものを使用すること。

4月　1日　現金 ¥200,000 を出資して、小売業を開業した。
　　　5日　長崎銀行から現金 ¥800,000 を借り入れた。
　　　10日　現金 ¥500,000 を普通預金に預け入れた。
　　　25日　長崎銀行からの借入金のうち ¥400,000 と利息 ¥5,000 をあわせて現金で支払った。
　　　28日　普通預金から現金 ¥15,000 を引き出した。

摘要欄の
小書きは不要

仕　訳　帳　1

×6年	摘　　要	元丁	借　方	貸　方

総 勘 定 元 帳

現　　金　　　　　　　　　　1

X6年	摘　　要	仕丁	借　方	X6年	摘　　要	仕丁	貸　方

普 通 預 金　　　　　　　3

借 入 金　　　　　　　20

資 本 金　　　　　　　30

支 払 利 息　　　　　　75

Chapter 1
Chapter 2
Chapter 3
Chapter 4
Chapter 5
Chapter 6
Chapter 7
Chapter 8
Chapter 9
Chapter 10
Chapter 11
Chapter 12

「簿記の夢」

　国語、算数、理科、社会、英語に美術、音楽と、みなさんはこれまでさまざまなことを学んでこられたことと思います。

　そして、いま新たに「簿記」が加わりました。

　この簿記は、これまでの学習と違ってとても実践的で広がりがあり、職業にも直結する、つまり、しっかり学んでうまく活用すれば、自分の人生を開いていけるものなのです。

　国語や数学を極めて学者になれる人は、ほんのひと握りでしょうし、美術や音楽を職業にするには並外れた才能が必要でしょう。

　しかし、簿記は違います。

　誰もが2級、1級と学び進めることで、ビジネスで役立つ知識が身につき、さらに上級に合格することで、人を指導し得る力がつき、さらには税理士や公認会計士といった職業会計人への道が開け、これらの資格を取って開業することで社会的な評価を得られるばかりか、定年も（したがって年金問題も）ない "夢の自由業" になれ、簿記、会計の知識を通じて周りに貢献することができるようになるでしょう。また、税理士や会計士にならなくても、英文会計や国際的な会計基準を学ぶことで、国際的に通用する経理マンになっていくことも考えられます。

　このように、簿記会計の知識の向こうには、大きな可能性が広がっています。

　まずは、しっかりと3級を学び、簿記を好きになることで、この可能性を現実のものとさせていけます。この道、一緒にがんばりましょう。

Chapter 3 とおるポイント

Section 1 現金と預金

● 簿記上の現金

簿記上の現金 ＝ 通貨 ＋ 通貨代用証券

- ・紙幣　　・小切手（他人振出）
- ・硬貨　　・普通為替証書
- 　　　　　・送金小切手 等

受け取ったら現金として処理する通貨代用証券の例は覚えておきましょう。

● 現金取引の処理

（1）受取時

銀行から現金 ¥200,000 を借り入れた。

		┌資産の増加				┌負債の増加	
（借）	現	金	200,000	（貸）	借 入 金		200,000

（2）支払時

銀行からの借入れ ¥200,000 を、現金で返済した。

		┌負債の減少				┌資産の減少	
（借）	借 入 金		200,000	（貸）	現	金	200,000

● 通貨代用証券の処理

（1）受取時

土地 ¥200,000 を売却し、代金の ¥200,000 は先方振出しの小切手で受け取った。

		┌資産の増加				┌資産の減少	
（借）	現	金	200,000	（貸）	土	地	200,000

（2）譲渡時

備品 ¥200,000 を購入し、代金はさきに受け取っていた他社が振り出した小切手 ¥200,000 を、そのまま渡して支払った。

		┌資産の増加				┌資産の減少	
（借）	備	品	200,000	（貸）	現	金	200,000

小切手を受け取ったときに現金で処理をしているため、その小切手を支払いに使ったときには現金の減少として処理します。

● 現金出納帳とは

現金出納帳は、現金に関する取引を記録する帳簿です。

現 金 出 納 帳

X年	摘　　要	収　入	支　出	残　高

◆ 記入のしかた

①摘要欄には、取引内容を簡単に記入します。

②現金の増加は収入欄に、現金の減少は支出欄に記入します。

③残高欄には、残高を記入します。

Chapter 1 / Chapter 2 / Chapter 3 / Chapter 4 / Chapter 5 / Chapter 6 / Chapter 7 / Chapter 8 / Chapter 9 / Chapter 10 / Chapter 11 / Chapter 12

●預金の種類
普通預金、定期預金、当座預金など

●預金の処理
(1)預入時
現金¥80,000 を大阪銀行の普通預金口座に預け入れた。

┌資産の増加			┌資産の減少	
(借) 普 通 預 金	80,000	(貸) 現 金	80,000

(2)利息受取時
大阪銀行の普通預金口座に預けた¥80,000 に対する利息¥60 が普通預金口座に振り込まれた。

┌資産の増加			┌収益の発生	
(借) 普 通 預 金	60	(貸) 受 取 利 息	60

(3)引出時
大阪銀行の普通預金口座から現金¥2,000 を引き出した。

┌資産の増加			┌資産の減少	
(借) 現 金	2,000	(貸) 普 通 預 金	2,000

Section 2 当座預金

●当座預金とは
当座預金は預金の一種です。無利息で預金の引出しに小切手を使うという特徴があります。

●当座取引の処理
(1)預入時
当座預金口座に、現金 ¥600,000 を預け入れた。

┌資産の増加			┌資産の減少	
(借) 当 座 預 金	600,000	(貸) 現 金	600,000

(2)小切手の振出し時
土地¥350,000 を購入し、代金は小切手を振り出して支払った。

┌資産の増加			┌資産の減少	
(借) 土 地	350,000	(貸) 当 座 預 金	350,000

●受け取った小切手をすぐに当座預金としたとき （※）
土地（簿価 ¥200,000）を簿価で売却し、代金は先方振出しの小切手で受け取り、ただちに当座預金に預け入れた。

┌資産の増加			┌資産の減少	
(借) 当 座 預 金	200,000	(貸) 土 地	200,000

> ※の取引は次の2つの仕訳を合計したものです。
> 小切手受取時：
> (現 金) 200,000
> (土 地) 200,000
> 小切手預入時：
> (当座預金) 200,000
> (現 金) 200,000
> 現金は貸方借方に登場するため相殺され、答えのとおりの仕訳となります。

Section 3 小口現金

●小口現金とは

小口現金とは、営業などの各部署が少額経費の支払用に手許においておく現金のことをいいます。

●小口現金の処理

(1)前渡時

支払担当者（用度係）に小切手¥20,000を振り出して前渡しした。

（借）	小 口 現 金	20,000	（貸）当 座 預 金	20,000

┌資産の増加

(2)経費支払時

仕訳なし

(3)支払報告時

支払担当者（用度係）から通信費¥5,000、交通費¥8,000の支払報告を受けた。

（借）	通 信 費	5,000	（貸）小 口 現 金	13,000
	交 通 費	8,000		

┌資産の減少

(4)補給時

支払担当者（用度係）から支払報告を受けた¥13,000について、同額の現金を支払って小口現金を補給した。

（借）	小 口 現 金	13,000	（貸）現 金	13,000

┌資産の増加

◆即日補給した場合（(3)と同時に(4)を行った場合）

（借）	通 信 費	5,000	（貸）現 金	13,000
	交 通 費	8,000		

●小口現金出納帳とは

小口現金出納帳は、小口現金の使途を記入するための帳簿です。

小 口 現 金 出 納 帳

受 入	×年	摘 要	支 払	内 訳			残 高
				通信費	交通費	消耗品費	

◆記入のしかた

①受入欄に受け入れた金額を記入します。

②摘要欄には支払いの内容を記入します。

③支払欄に金額を記入します。

④内訳欄に支払いの内容ごとに分けて金額を記入します。

⑤残高欄には、支払のつど小口現金の残高を記入します。

Chapter 1
Chapter 2
Chapter 3
Chapter 4
Chapter 5
Chapter 6
Chapter 7
Chapter 8
Chapter 9
Chapter 10
Chapter 11
Chapter 12

問題-19

Section 1 現金と預金

問題 1 簿記上の現金

基本：★★☆☆☆　解答・解説 P.12　日付 ／　／　／

▼簿記上、現金勘定で処理される通貨代用証券の具体例を３つ示しなさい。

1.＿＿＿＿＿＿　2.＿＿＿＿＿＿　3.＿＿＿＿＿＿

問題 2 現金と預金の取引

基本：★★★☆☆　解答・解説 P.13　日付 ／　／　／

▼次の取引を仕訳しなさい。ただし、勘定科目は、次の中から最も適切と思われるものを選ぶこと。

現金　普通預金　定期預金　受取利息　広告費　支払家賃　水道光熱費　交通費

①現金 ¥70,000 を普通預金口座から引き出した。
②水道料金 ¥12,000 を現金で支払った。
③タクシー代 ¥1,000 を現金で支払った。
④普通預金から ¥4,500,000 を定期預金口座へ振り替えた。
⑤福岡新聞社への広告費 ¥50,000 の支払いにあたり、先に鳥取商店へ商品を販売したときに受け取った鳥取商店振出の小切手 ¥50,000 をそのまま譲渡した。
⑥家賃 ¥97,000 を現金で支払った。
⑦普通預金の利息 ¥6,000 が普通預金口座に入金された。

	借 方 科 目	金 額	貸 方 科 目	金 額
①				
②				
③				
④				
⑤				
⑥				
⑦				

問題 **3** 現金出納帳

基本：★★★☆☆ | 解答・解説 P.14 | 日付 | ／ | ／ | ／ |

▼次の資料にもとづいて、現金出納帳への記入を行いなさい（週末の締切りも行う）。

6月1日	家賃の現金による支払い	¥ 90,000
2日	現金の当座預金からの引出し	¥130,000
3日	現金による商品の購入	¥160,000
5日	銀行からの借入れによる入金	¥150,000
6日	現金による利息の支払い	¥ 2,000

X年		摘　　　要	収　入	支　出	残　高
6	1	前　週　繰　越	200,000		200,000
	6	次　週　繰　越			
6	8	前　週　繰　越			

Section 2 当座預金

問題 4 当座取引

基本：★★★☆☆	解答・解説 P.15	日付	／	／	／

▼次の取引を仕訳しなさい。ただし、勘定科目は、次の中から最も適切と思われるものを選ぶこと。

現金　当座預金　土地　支払家賃　支払利息

①当社は、銀行と当座取引契約を結び、現金 ¥250,000 を預け入れた。

②営業所の家賃 ¥175,000 を、小切手を振り出して支払った。

③土地（簿価 ¥5,000,000）を簿価で売却し、代金は先方が振り出した小切手で受け取り、ただちに当座預金口座へ預け入れた。

④当社は、山本商店からの借入金に対する利息 ¥3,000 を、利払日に現金で山本商店の当座預金口座に振り込んで支払った。

	借 方 科 目	金 額	貸 方 科 目	金 額
①				
②				
③				
④				

Section 3 小口現金

問題 **5** 小口現金の処理

基本：★★★☆☆ 　解答・解説 P.16　日付 ／　　／　　／

▼⑴次の小口現金取引について、日付ごとの仕訳を示しなさい。なお、仕訳が不要な場合には借方科目欄に「仕訳なし」と記入しなさい。

5月1日　本日、小口現金 ¥30,000 を小切手を振り出して用度係に前渡しした。なお、当社は定額資金前渡制度（インプレスト・システム）を採用している。

5月7日　用度係が、電話料金 ¥6,000 と広告代 ¥13,000 を小口現金で支払った。

5月31日　用度係から次のような支払報告を受けた。
　　　　　＜電話料金 ¥6,000　広告代 ¥13,000 ＞

6月1日　小切手 ¥19,000 を振り出して、小口現金の補給をした。

▼⑵仮に、5月31日の報告時において、直ちに小口現金を補給した場合の仕訳を示しなさい。

(1)

	借 方 科 目	金 額	貸 方 科 目	金 額
5月1日				
5月7日				
5月31日				
6月1日				

(2)

	借 方 科 目	金 額	貸 方 科 目	金 額
5月31日				

Chapter 1 Chapter 2 Chapter 3 Chapter 4 Chapter 5 Chapter 6 Chapter 7 Chapter 8 Chapter 9 Chapter 10 Chapter 11 Chapter 12

基本：★★★★☆	解答・解説 P.17	日付	／	／	／

▼次の取引を小口現金出納帳に記入し、さらに週末における締切りを行い、資金の補給に関する記入も行いなさい。ただし、小口現金係は毎週土曜日の営業時間終了後にその週の支払いを報告し、資金の補給を受けることになっている。なお、資金の補給について定額資金前渡制（インプレスト・システム）を採用している。

日　付	曜日	摘　　要	金　額
6 月21 日	（月）	ガス料金支払い	￥5,000
22 日	（火）	タクシー代支払い	￥1,500
23 日	（水）	お茶の購入	￥1,100
24 日	（木）	電気代支払い	￥6,300
25 日	（金）	帳簿の購入	￥1,100
26 日	（土）	郵便切手購入	￥ 700

小 口 現 金 出 納 帳

受　入	×8年		摘　　要	支　払	内　訳				残　高
					交通費	通信費	光熱費	雑　費	
20,000	6	21	前 週 繰 越						20,000
			合　　　　計						
		26	本 日 補 給						
		〃	**次 週 繰 越**						
	6	28	前 週 繰 越						

問題 **7** **小口現金出納帳②**

基本：★★★☆☆ ｜ 解答・解説 P.18 ｜ 日付 ／ ／ ／

▼次の取引を小口現金出納帳に記入し、さらに週末における締切りを行い、資金の補給に関する記入も行いなさい。ただし、小口現金係は毎週月曜日に前週の支払いを報告し、資金の補給を受けることになっている。なお、資金の補給について定額資金前渡制（インプレスト・システム）を採用している。

日　付	曜日	摘　　要	金　額
9月4日	（月）	ハガキ購入	¥4,200
5日	（火）	バス回数券購入	¥3,200
6日	（水）	タクシー代支払い	¥5,000
7日	（木）	郵便切手購入	¥1,400
8日	（金）	コーヒーの購入	¥1,000
9日	（土）	帳簿の購入	¥2,700

小　口　現　金　出　納　帳

受　入	×8年		摘　　　要	支　払	交通費	通信費	光熱費	雑　費	残　高
					内		訳		
7,000	9	4	前　週　繰　越						7,000
18,000		〃	本　日　補　給						25,000
			合　　　　　計						
	9		**次　週　繰　越**						
	9	11	前　週　繰　越						
		〃	本　日　補　給						

問題 **8** ## 小口現金出納帳③

基本：★★★★☆　解答・解説 P.19　日付 ／　／　／

▼次の取引を小口現金出納帳に記入して締め切りなさい。なお、小口現金係は、定額資金前渡制（インプレスト・システム）により毎週金曜日の終業時にその週の支払いを報告し、資金の補給を受けている。

7月6日（月）	郵便切手代	¥2,600
7日（火）	用紙・インク代	¥5,300
8日（水）	バス回数券代	¥4,200
9日（木）	お茶代	¥1,700
10日（金）	タクシー代	¥7,200

小 口 現 金 出 納 帳

受　入	×1年		摘　　　要	支　払	内　　　　訳				残　高
					通信費	交通費	消耗品費	雑　費	
25,000	7	6	前 週 繰 越						25,000
			合　　　　　計						
		10	本 日 補 給						
		〃	**次 週 繰 越**						
	7	13	前 週 繰 越						

Chapter 4　とおるポイント

Section 1　三分法

三分法とは、商品売買について以下の3つの勘定科目を用いて処理する方法です。

仕　入(費用)　　売　上(収益)　　繰越商品(資産)

●仕入時

遠野商店から商品¥10,000を仕入れ、代金は現金で支払った。

	費用の発生				
(借) 仕	入	10,000	(貸) 現	金	10,000

●販売時

防府商店に商品¥12,000を販売し、代金は現金で受け取った。

			収益の発生		
(借) 現	金	12,000	(貸) 売	上	12,000

●決算時

決算になり、商品¥2,000が残っていた。

資産の増加			費用の減少		
(借) 繰 越 商 品		2,000	(貸) 仕	入	2,000

三分法では決算になり、期末の商品在庫の処理をすることにより、売上原価(売り上げた商品の仕入原価)を¥10,000－¥2,000＝¥8,000と、計算することができます。
後ほど詳しく取り上げるので、ここでは概略だけを確認してください。

Section 2　掛取引

掛取引とは、商品を売買する時点では代金を精算せず、一定期間(通常1カ月)の取引額を合計し、まとめて精算する取引のことをいいます。

●掛仕入時

遠野商店から商品¥10,000を掛けで仕入れた。

費用の発生			負債の増加		
(借) 仕	入	10,000	(貸) 買 掛 金		10,000

●掛売上時

防府商店に商品¥12,000を掛けで販売した。

資産の増加			収益の発生		
(借) 売 掛 金		12,000	(貸) 売	上	12,000

Chapter 1　Chapter 2　Chapter 3　Chapter 4　Chapter 5　Chapter 6　Chapter 7　Chapter 8　Chapter 9　Chapter 10　Chapter 11　Chapter 12

Section 3 返品

●返品

返品とは、仕入れた商品を品違い、汚れ、破損などの理由により仕入先に返すこと（あるいは販売した商品が、販売先から返ってくること）をいいます。

返品は元となる取引と正反対の取引です。したがって、返品では元の取引の貸借逆の仕訳を行います。

遠野商店より掛けで仕入れた商品のうち、¥1,000 を品違いにより返品した。

		負債の減少					費用の減少	
（借）	買 掛 金	1,000	（貸）	仕	入	1,000

防府商店に掛けで販売した商品のうち、¥2,000 が品違いにより返品されてきた。

		収益の減少					資産の減少	
（借）	売 上	2,000	（貸）	売 掛 金	2,000

わかった気になっちゃいけない！

実力がつく問題の解き方をお伝えしましょう。

① まず、とにかく解く
このとき、自信がないところも想像を働かせて、できる限り解答用紙を埋める。

② 次に、採点をして解説を見る
このとき、時間が足りずに手をつけられなかったところまで含めて、すべての解説に目を通しておく。
ここでわかった気になって、次の問題に行くと、これまでの努力が水泡に帰す。
分かった気になっただけでは、試験での得点にはならない。
だから、これをやってはいけない！

③ すぐに、もう一度"真剣に"解く。
ここで、わかっているからと気を抜いて解いてはいけない。
真剣勝負で解く。そうすればわかっている所は、頭に定着するし、わかっていないところも「わかっていない」ことがはっきりする。

④ 最後に、わかっていないところを復習しておく。

つまり、勉強とは「自分がわかっている所と、わかっていないところを峻別する作業」なのです。
こうして峻別して、わかっていないところをはっきりさせておけば、試験前の総復習もしやすく、確実に実力をつけていくことができますよ。

Section 4　商品売買に係る帳簿

●仕入帳

仕入取引の明細について記録するために設けられる帳簿を仕入帳（しいれちょう）といいます。

◆仕入帳の記入方法

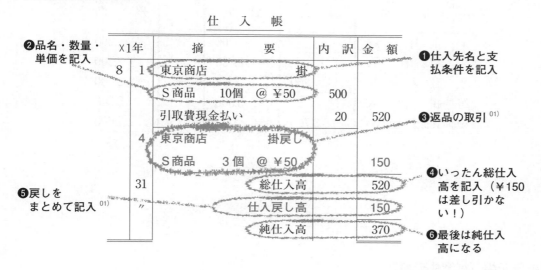

❷品名・数量・単価を記入

仕　入　帳

×1年		摘　　　要	内　訳	金　額
8	1	東京商店　　　　　　　掛		
		S商品　　10個　@￥50	500	
		引取費現金払い	20	520
	4	東京商店　　　　掛戻し		
		S商品　　3個　@￥50		150
	31	総仕入高		520
	〃	仕入戻し高		150
		純仕入高		370

❶仕入先名と支払条件を記入

❸返品の取引 01)

❹いったん総仕入高を記入（￥150は差し引かない！）

❺戻しをまとめて記入 01)

❻最後は純仕入高になる

●売上帳

売上取引の明細について記録するために設けられる帳簿を売上帳（うりあげちょう）といいます。

◆売上帳の記入方法

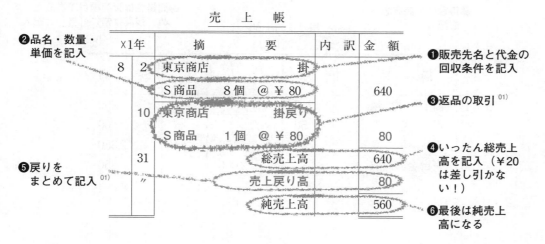

❷品名・数量・単価を記入

売　上　帳

×1年		摘　　　要	内　訳	金　額
8	2	東京商店　　　　　　　掛		
		S商品　　8個　@￥80		640
	10	東京商店　　　　掛戻り		
		S商品　　1個　@￥80		80
	31	総売上高		640
	〃	売上戻り高		80
		純売上高		560

❶販売先名と代金の回収条件を記入

❸返品の取引 01)

❹いったん総売上高を記入（￥20は差し引かない！）

❺戻りをまとめて記入 01)

❻最後は純売上高になる

01)
実務上、返品については朱記（しゅき）します。ただし、検定試験では赤ペンの使用が禁じられているので、黒で記入します。

●買掛金元帳（仕入先元帳）

買掛金元帳（仕入先元帳）は、仕入先ごとの買掛金の増減を明らかにする帳簿です。

買掛金元帳の各商店勘定の残高の合計と、買掛金勘定の残高は必ず一致します。

❶仕入先の商店名
を記入

❷残高の貸借を記入
買掛金は負債項目であるため、常に「貸」と記入

買 掛 金 元 帳
△△商店

×年		摘　　要	借　方	貸　方	借または は貸	残　高
8	1	前 月 繰 越		200	貸	200
	2	掛 仕 入		2,000	〃	2,200
	3	仕 入 戻 し	200		〃	2,000
	26	掛 仕 入		3,300	〃	5,300
	29	買掛金の支払い	3,700		〃	1,600

●売掛金元帳（得意先元帳）

売掛金元帳（得意先元帳）は、得意先ごとの売掛金の増減を明らかにする帳簿です。

売掛金元帳の各商店勘定の残高の合計と、売掛金勘定の残高は必ず一致します。

❶得意先の商店名
を記入

❷売掛金は資産項目であるため、残高は常に「借」と記入

売 掛 金 元 帳
○○商店

×年		摘　　要	借　方	貸　方	借または は貸	残　高
8	1	前 月 繰 越	250		借	250
	22	掛 売 上	2,250		〃	2,500
	24	返 品		150	〃	2,350
	30	売掛金の回収		2,000	〃	350

●商品有高帳

商品有高帳とは、商品ごとの在庫を管理するために作成される帳簿です。

〔取　引〕

4月3日	商品A 60個を1個当たり￥100で仕入れた。
4月5日	商品A 40個を1個当たり￥120で売り上げた。

〔先入先出法〕

商 品 有 高 帳

商 品 A

×5年		摘　要	受　入			払　出			残　高		
			数量	単価	金額	数量	単価	金額	数量	単価	金額
4	1	前 月 繰 越	15	80	1,200				15	80	1,200
	3	仕　　　入	60	100	6,000				15	80	1,200
									60	100	6,000
	5	売　　　上				15	①80	1,200			
						25	②100	2,500	35	100	3,500
	30	次 月 繰 越				35	100	3,500			
			75		7,200	75		7,200			
5	1	前 月 繰 越	35	100	3,500				35	100	3,500

①4月1日の単価
②4月3日の単価

注）商品有高帳には、商品の販売価格は記入しません。

> 商品有高帳の問題は、全経3級の本試験において頻繁に出題されています。先入先出法を理解し解けるようにしておきましょう。

●上記取引による売上原価および売上総利益

	先 入 先 出 法	
売　上　高	￥　　4,800	①
売　上　原　価	￥　　3,700	②
売　上　総　利　益	￥　　1,100	③

①販売単価×販売個数で求めます。

　＠￥120 × 40個 ＝ ￥4,800

②売上（販売）時の、商品の払出高の合計金額を求めます。

　￥1,200 ＋ ￥2,500 ＝ ￥3,700

③売上総利益は、「商品販売益（粗利益）」という言い方で問われることもあります。

　売上総利益は、売上高－売上原価で求めます。

　￥4,800（①）－ ￥3,700（②）＝ ￥1,100

> 問題集では最近の出題傾向に合わせて、「払出合計」（テキストP.4-15参照）を記入しない形式の問題を載せています。

売上原価対立法

●売上原価対立法

売上原価対立法とは、商品を仕入れたときは**商品勘定**（資産）の借方に原価で記入し、これを販売したときは**売上勘定**（収益）の貸方に売価で記入するとともに、その商品の原価を**商品勘定**（資産）から**売上原価勘定**（費用）に振り替える方法をいいます。

仕　入　時	商品￥300,000（原価）を掛けで仕入れた。

（借）商　　　　品	300,000	（貸）買　掛　金	300,000

販　売　時	商品￥200,000（原価）を￥250,000で掛けで売り上げた。

（借）売　掛　金	250,000	（貸）売　　　　上	250,000
（借）売　上　原　価	200,000	（貸）商　　　　品	200,000

販売のつど、売上原価が計算され、期末時点の商品勘定は期末商品原価を表すため、決算整理仕訳を行う必要はありません。

Section 1　三分法

問題 **1**　**三分法①**

基本：★★☆☆☆　　解答・解説 P.20　　日付　／　／　／

▼次の取引について仕訳を示しなさい（三分法）。ただし、勘定科目は、次の中から最も適切と思われるものを選ぶこと。
現金　繰越商品　売上　仕入

①仕入先より商品 ¥25,000 を現金で購入した。
②得意先に商品 ¥56,500 を売り上げ、代金を現金で受け取った。
③商品 ¥60,000 を仕入れ、現金で支払った。
④商品 ¥82,000 を売り上げ、代金は現金で受け取った。
⑤決算になり、未販売の商品 ¥2,600 が残っていた。

	借　方　科　目	金　　額	貸　方　科　目	金　　額
①				
②				
③				
④				
⑤				

問題 **2** 　**三分法②**

基本：★★☆☆☆　　解答・解説 P.21　**日付**　　／　　　／　　　／

▼**次の取引について仕訳を示しなさい（三分法）。ただし、勘定科目は、次の中から最も適切と思われるものを選ぶこと。**

現金　当座預金　売上　仕入

①静岡商店から商品 ¥300,000 を仕入れ、代金は小切手を振り出して支払った。

②得意先に対し、商品 ¥50,000 を販売し、先方が振り出した小切手 ¥50,000 を受け取った。

③商品 ¥60,000 を仕入れ、¥40,000 は他店振出しの小切手を渡し、残額は小切手を振り出して支払った。

	借 方 科 目	金 額	貸 方 科 目	金 額
①				
②				
③				

Section
2
掛取引

Chapter 1
Chapter 2
Chapter 3
Chapter 4
Chapter 5
Chapter 6
Chapter 7
Chapter 8
Chapter 9
Chapter 10
Chapter 11
Chapter 12

問題 **3** 掛取引①

基本：★★★★★　　解答・解説 P.22　　日付　／　／　／

▼次の取引について三分法により仕訳を示しなさい。ただし、勘定科目は、次の中から最も適切と思われるものを選ぶこと。

現金　売掛金　買掛金　売上　仕入

①仕入先から商品 ¥26,800 を掛けで購入した。

②商品 ¥46,000 を購入し、代金のうち ¥20,000 は現金で支払い、残額は月末に支払うことにした。

③得意先に商品 ¥45,000 を販売し、代金は掛けとした。

④仕入先に対する掛代金 ¥18,000 を現金で支払った。

⑤得意先に対する掛代金 ¥16,000 を現金で受け取った。

⑥商品 ¥72,000 を仕入れ、代金の 40％を現金で支払い、残額は来週支払うことにした。

	借　方　科　目	金　　額	貸　方　科　目	金　　額
①				
②				
③				
④				
⑤				
⑥				

掛取引②

基本：★★☆☆☆ 解答・解説 P.23 日付 / / /

▼次に示す一連の取引について三分法により仕訳を示しなさい。
①古河商店より商品 ¥72,000 を仕入れ、代金は掛けとした。
②下館商店に商品 ¥95,000 を販売し、¥65,000 は現金で受け取り、残額は月末に受け取ることとした。
③古河商店に対する買掛金 ¥36,000 を、小切手を振り出して支払った。
④下館商店に対する掛代金 ¥20,000 を、同店振出しの小切手で回収した。

	借 方 科 目	金 額	貸 方 科 目	金 額
①				
②				
③				
④				

掛取引③

基本：★★★★★ 解答・解説 P.23 日付 / / /

▼次の取引を三分法により仕訳しなさい。
①青森商店から商品 ¥65,000 を仕入れ、代金は掛けとした。
②仙台商店へ商品 ¥38,000 を売り渡し、代金のうち ¥15,000 は現金で受け取り、残額は掛けとした。
③秋田商店へ商品 ¥41,000 を売り渡し、代金は掛けとした。
④仕入先山形商店に対する買掛金 ¥126,000 を現金で支払った。

	借 方 科 目	金 額	貸 方 科 目	金 額
①				
②				
③				
④				

Section 3 返品

問題 6 返品

基本：★★★☆☆ | 解答・解説 P.24 | 日付 | ／ | ／ | ／

▼次の取引について三分法により仕訳を示しなさい。ただし、勘定科目は、次の中から最も適切と思われるものを選ぶこと。

現金　売掛金　買掛金　売上　仕入

①笠間商店から掛けで仕入れた商品￥80,000のうち、￥20,000を品違いのため返品した。

②日立商店に掛売りした商品の一部￥60,000（売価）が返品された。

③得意先に掛売りしたA商品￥22,000が注文の品と違ったため全品が返品され、掛代金と相殺した。

④仕入先から￥100,000で仕入れた商品に問題があったため全品を返品し、掛代金と相殺した。

⑤かねて北海道商事株式会社に掛けで販売していた商品￥870,000のうち、￥50,000が返品されてきた。

	借 方 科 目	金 額	貸 方 科 目	金 額
①				
②				
③				
④				
⑤				

Chapter 1 / Chapter 2 / Chapter 3 / Chapter 4 / Chapter 5 / Chapter 6 / Chapter 7 / Chapter 8 / Chapter 9 / Chapter 10 / Chapter 11 / Chapter 12

 問題 **7** **仕入帳の作成**

基本：★★☆☆☆   解答・解説 P.25   日付 ／ ／ ／

▼次の取引を仕入帳に記入し、締切りなさい。

3月4日　高知商店から次の商品を仕入れ、代金は掛けとした。
　　　　　　くまの人形　@¥3,000　50個　¥150,000
　　　　　　りすの人形　@¥2,800　20個　¥ 56,000
3月10日　徳島商店より次の商品を仕入れ、代金は掛けとした。
　　　　　　くまの人形　@¥2,900　30個　¥ 87,000
3月12日　徳島商店より仕入れた商品のうち、一部が不良品であったため、これを返品し、代金は買掛金から差し引くこととした。
　　　　　　くまの人形　@¥2,900　5個　¥ 14,500
3月25日　高知商店より次の商品を仕入れ、代金は現金で支払った。
　　　　　　りすの人形　@¥2,500　10個　¥ 25,000

仕　入　帳

×6年		摘　　　　　要	内　訳	金　額
3	4	高知商店　　　　　　　　　掛		
		くまの人形（　　）（　　　　　）	（　　　　）	
		りすの人形（　　）（　　　　　）	（　　　　）	（　　　　）
	10	徳島商店　　　　　　　　　掛		
		くまの人形（　　）（　　　　　）		（　　　　）
	12	**徳島商店　　　　　　　掛返品**		（　　　　）
		くまの人形（　　）（　　　　）		（　　　　）
	25	高知商店　　　　　　　　　現金		
		りすの人形（　　）（　　　　　）		（　　　　）
	31	総仕入高		（　　　　）
	〃	（　　　　　　）		（　　　　）
		（　　　　　　）		（　　　　）

問題 **8** 　**仕入帳・買掛金元帳の作成①**

| 基本：★★☆☆☆ | 解答・解説 P.26 | 日付 | ／ | ／ | ／ |

▼次の取引を仕入帳及び仕入先（買掛金）元帳に記入しなさい。なお、仕入先（買掛金）元帳は月末に締め切ること。

10月20日　福岡商店からC商品600個を単価￥350で仕入れ、代金は掛けとした。
10月25日　福岡商店に対する買掛金の支払いのために、小切手￥100,000を振り出して支払った。

仕　入　帳

X6年	摘　　　　要	金　額

仕入先（買掛金）元帳

福　岡　商　店

X6年		摘　　　要	借　方	貸　方	借/貸	残　高
10	1	前　月　繰　越		100,000	貸	100,000
	31	次　月　繰　越				
11	1	前　月　繰　越				

問題 **9** 仕入帳・買掛金元帳の作成②

基本：★★★★☆　解答・解説 P.27　日付　／　／　／

▼次の取引を仕入帳と買掛金元帳（山口商店）に記入しなさい。仕入帳の朱記すべき箇所は（　）を付して示すこと。なお、買掛金元帳は月末に締め切ること。

4月1日　買掛金の前月繰越は ¥150,000 である（内訳：広島商店 ¥80,000、山口商店 ¥70,000）。

4月10日　山口商店より商品 ¥100,000 を仕入れ、代金は掛けとした。

4月11日　4月10日の山口商店からの商品のうち、不良品 ¥25,000 を返品し、代金を買掛金から差し引くことにした。

4月18日　山口商店より商品 ¥60,000 を仕入れ、代金は現金で支払った。

4月22日　山口商店に対する買掛金 ¥130,000 を現金で支払った。

仕　入　帳

X6年		摘　　　要	金　額
4			

※　仕入帳には、仕入先名、支払条件と仕入金額を1行に記入すること。

買　掛　金　元　帳
山　口　商　店

X6年		摘　　要	借　方	貸　方	借貸	残　高
4	1	前　月　繰　越		70,000	貸	70,000
	30	次　月　繰　越				
5	1	前　月　繰　越				

問題 **10** 売上帳の作成

基本：★★☆☆☆ 　解答・解説 P.28　 日付 ／ ／ ／

▼次の取引を売上帳に記入し、締切りなさい。

2月3日　神奈川商店に次の商品を売り上げ、代金は掛けとした。
　　　　　くまの人形　@¥5,000　50個　¥250,000
　　　　　りすの人形　@¥3,500　30個　¥105,000
2月12日　千葉商店に次の商品を売り上げ、代金は掛けとした。
　　　　　くまの人形　@¥5,000　20個　¥100,000
2月13日　千葉商店に対して12日に売り渡した商品の中に不良品があり、これが返品
　　　　　された。代金は売掛金より控除する。
　　　　　くまの人形　@¥5,000　5個　¥ 25,000
2月20日　神奈川商店に次の商品を売り上げ、代金は掛けとした。
　　　　　くまの人形　@¥5,000　10個　¥ 50,000
　　　　　りすの人形　@¥3,500　15個　¥ 52,500

売 上 帳

×6年		摘　　　　　要	内　　訳	金　　額
2	3	神奈川商店　　　　　　　掛		
		くまの人形（　　）（　　　　　　）	（　　　　　）	
		りすの人形（　　）（　　　　　　）	（　　　　　）	（　　　　　）
	12	千葉商店　　　　　　　　掛		
		くまの人形（　　）（　　　　　　）		（　　　　　）
	13	**千葉商店　　　　　　掛返品**		
		くまの人形（　　）（　　　　　）		（　　　　　）
	20	神奈川商店　　　　　　　掛		
		くまの人形（　　）（　　　　　　）	（　　　　　）	
		りすの人形（　　）（　　　　　　）	（　　　　　）	（　　　　　）
	28	総売上高		（　　　　　）
	〃	（　　　　　）		（　　　　　）
		（　　　　　）		（　　　　　）

| 基本：★★★★☆ | 解答・解説 P.29 | 日付 | / | / | / |

▼次の取引を売上帳及び得意先（売掛金）元帳に記入しなさい。なお、得意先（売掛金）元帳は月末に締め切ること。

1月10日　　九州商店へB商品800個を単価￥500で販売し、代金は掛けとした。
1月25日　　九州商店に対する売掛金について、同店振出の小切手￥300,000を受け取った。

売　　上　　帳

X6年	摘　　　要	金　額

得意先（売掛金）元帳
九　州　商　店

X6年		摘　　　要	借　　方	貸　　方	借／貸	残　　高
1	1	前　月　繰　越	150,000		借	150,000
	31	**次　月　繰　越**				
2	1	前　月　繰　越				

売上帳・売掛金元帳の作成②

基本：★★★★☆　解答・解説 P.30　日付　／　／　／

▼次の取引を売上帳と売掛金元帳（長野商店、静岡商店）に記入しなさい。売上帳の朱記すべき箇所は（　）を付して示すこと。なお、本問では帳簿の締め切りは不要である。

3月1日　売掛金の前月繰越は ¥300,000（内訳：長野商店 ¥210,000、静岡商店 ¥90,000）である。

3月8日　長野商店に商品 ¥80,000 を売り渡し、代金は掛けとした。

3月12日　3月8日に長野商店に売り上げた商品の一部に不良品があり、¥30,000 が返品され、代金は同店に対する売掛金から差し引いた。

3月24日　長野商店に商品 ¥40,000、静岡商店に商品 ¥120,000 をそれぞれ売り渡し、代金は掛けとした。

3月30日　長野商店に対する売掛金 ¥250,000、静岡商店に対する売掛金 ¥150,000 をそれぞれ現金で回収した。

売　上　帳

X6年	摘　　　　　要	金　額
3		

※　売上帳には、得意先名、回収条件と売上金額を1行に記入すること。

売　掛　金　元　帳
長　野　商　店

X6年		摘　　　要	借　方	貸　方	借/貸	残　高
3	1	前　月　繰　越	210,000		借	210,000

静　岡　商　店

X6年		摘　　　要	借　方	貸　方	借/貸	残　高
3	1	前　月　繰　越	90,000		借	90,000

基本：★★★☆☆ | 解答・解説 P.31 | 日付 | ／ | ／ | ／

▼次の資料にもとづいて、先入先出法での商品有高帳の記入を行い、締切りなさい。

8月2日	仕 入	犬小屋	@¥ 5,000	10個	¥50,000
8月6日	仕 入	犬小屋	@¥ 4,800	15個	¥72,000
8月13日	売 上	犬小屋	@¥ 8,000	10個	¥80,000
8月20日	売 上	犬小屋	@¥10,000	8個	¥80,000
8月25日	返 品	犬小屋	@¥10,000	4個	¥40,000
	（20日売上分）				
8月29日	売 上	犬小屋	@¥10,000	5個	¥50,000

商 品 有 高 帳

先入先出法　　　　　　　　　　犬 小 屋

×5年		摘要	受　　入			払　　出			残　　高		
			数量	単価	金額	数量	単価	金額	数量	単価	金額
8	1	前 月 繰 越	5	5,000	25,000				5	5,000	25,000
	31	次 月 繰 越									
9	1	前 月 繰 越									

問題 14 商品有高帳の記入②

基本：★★★★☆ 解答・解説 P.32 日付 ／ ／ ／

▼次のA商品に関する取引につき、先入先出法によって商品有高帳に記入し、締切りなさい。

11月2日	静岡商店からA商品を@¥1,100で100個を仕入れ、代金は掛けとした。
6日	愛知商店にA商品を@¥1,500で110個を売り渡し、代金は掛けとした。
12日	静岡商店からA商品を@¥1,200で150個を仕入れ、代金は掛けとした。
18日	三重商店にA商品を@¥1,530で140個を売り渡し、代金は掛けとした。
24日	静岡商店からA商品を@¥1,200で50個を仕入れ、代金は掛けとした。

商 品 有 高 帳

先入先出法　　　　　　　　　　　A 商 品

×1年		摘　　要	受　　入			払　　出			残　　高		
			数量	単価	金額	数量	単価	金額	数量	単価	金額
11	1	前 月 繰 越	80	1,000	80,000				80	1,000	80,000
	30	次 月 繰 越									
12	1	前 月 繰 越									

応用：★★★☆☆　解答・解説 P.33　日付　／　／　／

▼次の仕入帳と売上帳にもとづいて、(1)先入先出法によって商品有高帳に記入し、(2)3月の売上高、売上原価および売上総利益を計算しなさい。なお、商品有高帳は締め切ること。

仕　入　帳

X6年		摘　　　　要		金　額
3	2	広島商店	掛け	
		ぬいぐるみ　15個　@¥2,000		30,000
	20	広島商店	掛け	
		ぬいぐるみ　10個　@¥1,800		18,000

売　上　帳

X6年		摘　　　　要		金　額
3	12	岡山商店	掛け	
		ぬいぐるみ　10個　@¥5,000		50,000
	22	岡山商店	掛け	
		ぬいぐるみ　10個　@¥4,800		48,000

(1)

商　品　有　高　帳

先入先出法　　　　　　　　　　ぬいぐるみ

×6年		摘　　要	受 入			払 出			残 高		
			数量	単価	金額	数量	単価	金額	数量	単価	金額
3	1	前 月 繰 越	5	2,100	10,500				5	2,100	10,500
	31	次 月 繰 越									
4	1	前 月 繰 越									

(2)

売　上　高	売　上　原　価	売　上　総　利　益
¥	¥	¥

Section **5** 売上原価対立法

問題 **16** 売上原価対立法

基本：★★★☆☆ | 解答・解説 P.34 | 日付 | ／ | ／ | ／

▼次の取引について売上原価対立法により仕訳しなさい。

1. 商品￥72,000（原価）を掛けで仕入れた。
2. 掛けで仕入れた商品のうち、￥5,600が品違いだったため返品した。代金は買掛金と相殺した。
3. 商品￥51,000（原価）を￥68,000で掛けで売り上げた。
4. 得意先から商品（売価￥3,200、原価￥2,400）が返品され、代金は売掛金と相殺した。
5. 支笏商事株式会社にB商品140個（原価@￥950、売価@￥1,500）を販売し、代金のうち￥110,000は支笏商事株式会社振出しの小切手で受け取り、残額は掛けとした。ただし、当社は商品売買に関して、販売のつど売上原価に振り替える方法で記帳している。

	借　方　科　目	金　　　額	貸　方　科　目	金　　　額
1				
2				
3				
4				
5				

とおるポイント

Section 1

収益の受取り

●収益：受け取ったら返さなくていいもの
　売上　有価証券売却益　受取利息　雑益　など
　※○○益、受取○○という勘定科目が該当します。

●収益の受取り
　防府商店に商品¥12,000を現金で販売した。

	┌資産の増加			┌収益の発生	
（借）現	金	12,000	（貸）売	上	12,000

Section 2

費用の支払い

●費用：払ったら返ってこないもの
　給料　広告費　発送費　旅費　交通費　通信費　水道光熱費　消耗品費
　修繕費　支払家賃　支払地代　保険料　雑費　支払利息
　売上原価　仕入　交際費　支払手数料　租税公課　雑損

　また、全経3級では次のような、必ずしも現金などの支払いをともなわずに計上する
費用も学習します。
　貸倒引当金繰入（額）、貸倒損失、減価償却費、有価証券売却損

　※○○費、支払○○という勘定科目が該当します。

●費用の支払い
　広告費¥70,000を小切手を振り出して支払った。

	┌費用の発生			┌資産の減少	
（借）広　告　費		70,000	（貸）当　座　預　金		70,000

Section 1 収益の受取り

問題 1 収益の科目

基本：★★☆☆☆ 　解答・解説 P.35 　日付 ／ ／ ／

▼(1)次の勘定科目のうち収益の勘定に○を付けなさい。

広　告　費		売　　　　　上		支　払　家　賃	
給　　　　料		当　座　預　金		仕　　　　　入	
旅　　　　費		保　　険　　料		受　取　利　息	

(2) 収益が発生した場合の仕訳では、収益の勘定科目は借方、貸方のどちらに計上されるか。下記のいずれか正しいほうを○で囲みなさい。

借　方　　　貸　方

問題 2 収益受取時の処理

基本：★★☆☆☆ 　解答・解説 P.35 　日付 ／ ／ ／

▼次の一連の取引について、以下の勘定科目群の科目を用いて仕訳を示しなさい。

勘定科目群	現　　　　金　当　座　預　金　普　通　預　金　売　掛　金 売　　　　上　受　取　利　息

①貸付金の利息（¥3,000）を小切手で受け取った。
②商品¥4,800 を販売し、代金は小切手で受け取った。

	借　方　科　目	金　　額	貸　方　科　目	金　　額
①				
②				

Section 2 費用の支払い

問題 3 費用の科目

基本：★★☆☆☆ 解答・解説 P.36 日付 / / /

▼(1)次の勘定科目のうち費用の勘定に○を付けなさい。

広 告 費	売 上	支 払 家 賃
給 料	当 座 預 金	仕 入
旅 費	保 険 料	受 取 利 息

(2) 費用が発生した場合の仕訳では、費用の勘定科目は借方、貸方どちらに計上されるか。以下のいずれか正しいほうを○で囲みなさい。

借 方　　　貸 方

問題 4 費用支払時の処理①

基本：★★☆☆☆ 解答・解説 P.36 日付 / / /

▼次の一連の取引について、以下の勘定科目群の科目を用いて仕訳を示しなさい。

勘定科目群	現 金	当 座 預 金	普 通 預 金	買 掛 金
	仕 入	給 料	支 払 家 賃	交 通 費
	水 道 光 熱 費	修 繕 費	広 告 費	保 険 料

①タクシー代￥3,000 を現金で支払った。
②8 月分家賃￥80,000 を支払うため小切手を振り出した。
③破損したショーケース修理のため￥25,000 を現金で支払った。
④電気代￥18,000 が普通預金口座から引き落とされた。
⑤保険料￥36,000 を現金で支払った。
⑥商品￥55,000 を購入し、小切手を振り出して支払った。

	借 方 科 目	金 額	貸 方 科 目	金 額
①				
②				
③				
④				
⑤				
⑥				

問題	**5**	**費用支払時の処理②**

基本：★★★☆☆ ┃ 解答・解説 P.37 ┃ 日付 ┃ ／ ┃ ／ ┃ ／

▼次の取引について仕訳を示しなさい。ただし、勘定科目は、次の中から最も適切と思われるものを選ぶこと。

現金　当座預金　普通預金　通信費　租税公課

①固定資産税（営業用固定資産に対する）の第1期分¥76,000を小切手を振り出して納付した。

②郵便局で切手¥16,000と収入印紙¥28,000を購入し、代金は現金で支払った。

③固定資産税¥210,000が普通預金口座より引き落とされた。

	借　方　科　目	金　　額	貸　方　科　目	金　　額
①				
②				
③				

決算とは

決算には、次に示すように3つの手続きがあります。

(1)決算予備手続＜準備＞		(2)決算本手続＜メイン＞		(3)決算報告手続＜報告＞
・試算表の作成 ・精算表の作成　など	⇨	・決算整理記入 ・決算振替記入 ・帳簿の締切り ・繰越試算表の作成	⇨	・損益計算書の作成 ・貸借対照表の作成

試算表の作成

8月1日	（借）現　　　　金	900	（貸）資　本　金	900
8月5日	（借）建　　　　物	400	（貸）現　　　　金	400
8月10日	（借）仕　　　　入	300	（貸）現　　　　金	300
8月15日	（借）現　　　　金	150	（貸）借　入　金	150
8月24日	（借）現　　　　金	600	（貸）売　　　　上	600
8月28日	（借）給　　　　料	200	（貸）現　　　　金	250
	雑　　　　費	50		
8月31日	（借）借　入　金	50	（貸）現　　　　金	50

以上の仕訳を勘定口座に転記すると、次のようになります。

```
          現       金                 借  入  金                    資  本  金
8/ 1 資本金 900 8/ 5 建 物 400    8/31 現 金 50 8/15 現 金 150                8/ 1 現 金 900
   15 借入金 150   10 仕 入 300
   24 売 上 600   28 諸 口 250
               31 借入金 50

          建       物                 売       上                    仕       入
8/ 5 現 金 400                                8/24 現 金 600    8/10 現 金 300

          給       料                 雑       費
8/28 現 金 200                  8/28 現 金 50
```

以上の勘定口座から合計残高試算表を作成すると、次のようになります。

ある勘定の借方または貸方の金額を合計したものが「借方合計」または「貸方合計」です。そして合計同士の差が残高です。借方合計のほうが貸方合計に比べて大きい金額の場合、その差を「借方残高」といい、資産と費用に属する勘定は、「借方残高」になります。
逆に、貸方合計のほうが借方合計よりも大きい金額の場合、その差を「貸方残高」といい、負債・純資産・収益に属する勘定は「貸方残高」になります。

合 計 残 高 試 算 表　　　　　　　　　　（単位：円）

借 方 残 高		借 方 合 計		勘 定 科 目	貸 方 合 計		貸 方 残 高	
③	650	①	1,650	現　　　　　金	②	1,000		
④	400	④	400	建　　　　　物				
		⑥	50	借　　入　　金	⑤	150	⑦	100
				資　　本　　金	⑧	900	⑧	900
				売　　　　　上	⑨	600	⑨	600
⑩	300	⑩	300	仕　　　　　入				
⑪	200	⑪	200	給　　　　　料				
⑫	50	⑫	50	雑　　　　　費				
	1,600		2,650			2,650		1,600

————（一致）————
————（一致）————

現　金：
　①￥900＋￥150＋￥600＝￥1,650
　②￥400＋￥300＋￥250＋￥50＝￥1,000
　③￥1,650－￥1,000＝￥650
建　物：
　④8/5 の仕訳の借方￥400 を記入。
借入金：
　⑤8/15 の仕訳の貸方￥150 を記入。
　⑥8/31 の仕訳の借方￥50 を記入。
　⑦￥150－￥50＝￥100

資本金：
　⑧8/1 の仕訳の貸方￥900 を記入。
売　上：
　⑨8/24 の仕訳の貸方￥600 を記入。
仕　入：
　⑩8/10 の仕訳の借方￥300 を記入。
給　料：
　⑪8/28 の仕訳の借方￥200 を記入。
雑　費：
　⑫8/28 の仕訳の借方￥50 を記入。

決算とは

基本：★★★☆☆　　解答・解説 P.38　　日付　／　　／　　／

▼次の文章の空欄にあてはまる適切な語句を語群から選びなさい。

(1)決算では、収益・費用から当期純利益を計算するとともに資産・負債・純資産（資本）の残高を計算します。当期純利益は一年の（　①　）を表し、資産・負債・純資産（資本）の残高は、（　②　）を表します。

（　①　）を表す報告書は（　③　）であり、（　②　）を表す報告書は（　④　）です。

(2)決算の手続には、（　⑤　）などを作成して記帳の間違いなどを修正する（　⑥　）手続、純利益の算定などを行う（　⑦　）手続、そして（　③　）や（　④　）を作成する（　⑧　）手続の3つの手続があります。

語群	損益計算書　　貸借対照表　　試　算　表　　本　　　予　　備
	報　　告　　財 政 状 態　　経 営 成 績

①		②		③	
④		⑤		⑥	
⑦		⑧			

問題 **2** **試算表（合計残高試算表）①**

基本：★★★☆☆ | 解答・解説 P.38 | 日付 ／ | ／ | ／

▼次の勘定口座にもとづいて、合計残高試算表を作成しなさい。なお、相手勘定科目は省略してある。

	現　　金　　1		
6/1	50,000	6/11	15,000
2	20,000	18	3,000
15	25,000	26	9,000
20	5,000	30	10,000

	借　入　金　2		
6/30	10,000	6/2	20,000

	資　本　金　3		
		6/1	50,000

	売　　上　　4		
		6/15	25,000

	雑　　益　　5		
		6/20	5,000

	仕　　入　　6		
6/11	15,000		

	通　信　費　7		
6/18	3,000		

	給　　料　　8		
6/26	9,000		

合計残高試算表

借 方 残 高	借 方 合 計	元丁	勘 定 科 目	貸 方 合 計	貸 方 残 高
		1	現　　　　　金		
		2	借　　入　　金		
		3	資　　本　　金		
		4	売　　　　　上		
		5	雑　　　　　益		
		6	仕　　　　　入		
		7	通　　信　　費		
		8	給　　　　　料		

基本：★★★★☆ 解答・解説 P.39 日付 ／ ／ ／

▼下記の(1)～(3)の各問に答えなさい。

(1)次の取引について仕訳しなさい。

(2)(1)の仕訳を与えられた勘定口座に転記して、(3)合計残高試算表を作成しなさい。

※1 勘定記入は日付と金額だけでよい。

※2 前月までの取引は各勘定に記入済みである。

〔12月中の取引〕

12月5日 商品￥120,000を仕入れ、代金は現金で支払った。

12日 商品￥135,000（原価￥105,000）を販売し、代金は現金で受け取った。

20日 得意先に対する貸付金の利息￥9,000を現金で受け取った。

25日 給料￥57,000、家賃￥18,000および雑費￥1,500を現金で支払った。

(1)取引の仕訳

日　付	借　方　科　目	金　　額	貸　方　科　目	金　　額
12/ 5				
12				
20				
25				

(2)勘定記入

現　　　　　金	
600,000	217,500

貸　　付　　金	
225,000	

仕　　　　　入	
172,500	

給　　　　　料	

支　払　家　賃	

借　　入　　金	
45,000	105,000

資　　本　　金	
	525,000

売　　　　　上	
	195,000

受　取　利　息	

雑　　　　　費	

(3)

合 計 残 高 試 算 表

×1年12月31日 （単位：円）

借　　方		勘 定 科 目	貸　　方	
残　　高	合　　計		合　　計	残　　高
		現　　　　　金		
		貸　　付　　金		
		借　　入　　金		
		資　　本　　金		
		売　　　　　上		
		受　取　利　息		
		仕　　　　　入		
		給　　　　　料		
		支　払　家　賃		
		雑　　　　　費		

Chapter 1
Chapter 2
Chapter 3
Chapter 4
Chapter 5
Chapter 6
Chapter 7
Chapter 8
Chapter 9
Chapter 10
Chapter 11
Chapter 12

問題 **4** 試算表（合計残高試算表）③

基本：★★★★☆　解答・解説 P.40　日付　／　／　／

下記の(1)～(3)の各問に答えなさい。

▼(1)次の一連の取引について仕訳を示しなさい。

　①現金¥400,000 を元入れして雑貨店を開業した。
　②通信費¥100,000 を現金で支払った。
　③銀行より¥220,000 を現金で借り入れた。
　④商品を¥80,000 で仕入れ、代金を現金で支払った。
　⑤商品を¥120,000 で販売し、代金を現金で受け取った。
　⑥借入金に対する利息¥2,000 を現金で支払った。
　⑦備品¥92,000 を購入し、代金は現金で支払った。
　⑧水道光熱費¥15,000 を現金で支払った。
　⑨給料¥62,000 を現金で支払った。
　⑩当月分の家賃¥12,000 を現金で支払った。

(1)

	借 方 科 目	金 額	貸 方 科 目	金 額
①				
②				
③				
④				
⑤				
⑥				
⑦				
⑧				
⑨				
⑩				

▼(2)(1)の仕訳にもとづいて総勘定元帳の各勘定口座へ転記しなさい。なお、転記にあたっては、問題番号、相手勘定科目と金額を記入すること。

(2)

現 金			

売 上	

仕 入	

給 料	

備 品	

通 信 費	

借 入 金	

水 道 光 熱 費	

資 本 金	

支 払 家 賃	

支 払 利 息	

▼(3)(2)の勘定記入にもとづいて、合計残高試算表を作成しなさい。

(3)

合 計 残 高 試 算 表　　　　　　（単位：円）

借　方		勘 定 科 目	貸　方	
残　高	合　計		合　計	残　高
		現　　　　　金		
		備　　　　　品		
		借　　入　　金		
		資　　本　　金		
		売　　　　　上		
		仕　　　　　入		
		給　　　　　料		
		通　　信　　費		
		水 道 光 熱 費		
		支　払　家　賃		
		支　払　利　息		

Chapter 1
Chapter 2
Chapter 3
Chapter 4
Chapter 5
Chapter 6
Chapter 7
Chapter 8
Chapter 9
Chapter 10
Chapter 11
Chapter 12

Section 1 貸付金と借入金

●貸付金・借入金の処理

資金の借り入れ（または貸し付け）のさいに、借用証書を作成した場合は、以下のように処理します。

借手側の処理 —→ 借入金勘定（負債）で処理
貸手側の処理 —→ 貸付金勘定（資産）で処理

(1)借り入れ時の処理　借 主

尾道商店より、利息は元金返済時に支払うことを条件に¥100,000を借り入れ、借用証書を作成し現金を受け取った。

　　　　　　　　　　　　　　　　　　　　┌負債の増加
（借）現　　　　金　100,000　（貸）借　入　金　100,000

(2)借入金の返済時の処理

尾道商店より借り入れた¥100,000を、利息¥1,000とともに、現金で支払った。

　　　　　┌負債の減少
（借）借　入　金　100,000　（貸）現　　　　金　101,000
　　　支　払　利　息　　1,000
　　　　　└費用の増加

(3)貸し付け時の処理　貸 主

丸亀商店に、利息は元金返済時に受け取ることを条件に借用証書を受け取り、現金¥100,000を融資し（貸し付け）た。

　　　　　┌資産の増加
（借）貸　付　金　100,000　（貸）現　　　　金　100,000

(4)貸付金の返済時の処理

丸亀商店に貸し付けた¥100,000の返済期日となり、利息¥1,000とともに、現金で受け取った。

　　　　　　　　　　　　　　　　　　　┌資産の減少
（借）現　　　　金　101,000　（貸）貸　付　金　100,000
　　　　　　　　　　　　　　　受　取　利　息　　1,000
　　　　　　　　　　　　　　　　└収益の増加

Section 2 未収金と未払金

●未収金の処理
本業の商品販売以外の取引で、代金を後日受け取る約束をした場合に生じる債権は未収金勘定（資産）で処理します。

(1)取引の処理
土地¥500,000 を売却し、代金は月末に受け取ることにした。

商品代金の未収分は売掛金とします。

┌資産の増加
| （借） | 未 収 金 | 500,000 | （貸） | 土 地 | 500,000 |

(2)未収金の回収時の処理
上記の土地の売却代金を現金で受け取った。

┌資産の減少
| （借） | 現 金 | 500,000 | （貸） | 未 収 金 | 500,000 |

●未払金の処理
本業の商品仕入以外の取引で、代金を後日支払う約束をした場合に生じる債務は未払金勘定（負債）で処理します。

(1)取引の処理
土地¥500,000 を購入し、代金は月末に支払うことにした。

商品代金の未払分は買掛金とします。

┌負債の増加
| （借） | 土 地 | 500,000 | （貸） | 未 払 金 | 500,000 |

(2)未払金の支払時の処理
上記の土地の購入代金を現金で支払った。

┌負債の減少
| （借） | 未 払 金 | 500,000 | （貸） | 現 金 | 500,000 |

Section 3 前払金と前受金

●前払金の処理

商品の仕入れに先立って支払った金額（手付金や予約金など）
は前払金勘定（資産）で処理します。

(1)前払金の支払時の処理

仕入先に商品￥250,000を注文し、予約金として￥50,000を
現金で支払った。

実際に商品を仕入れ
たら仕入勘定に振り
替えます。

	┌資産の増加				
（借）前　払　金	50,000	（貸）現　　　　金	50,000

(2)商品受取時の処理

上記の商品￥250,000を受け取り、すでに支払った￥50,000
を差し引いた残額は掛けとした。

			┌資産の減少	
（借）仕　　　　入	250,000	（貸）前　払　金	50,000
		買　掛　金	200,000

●前受金の処理

商品の販売に先立って受け取った金額（手付金や予約金など）
は前受金勘定（負債）で処理します。

(1)前受金の受取時の処理

得意先より商品￥250,000の注文を受け、手付金として
￥50,000を現金で受け取った。

実際に商品を渡すま
で売上勘定には記入
しません。

			┌負債の増加	
（借）現　　　　金	50,000	（貸）前　受　金	50,000

(2)商品引渡時の処理

上記の商品￥250,000を引き渡し、すでに受け取っている
￥50,000を差し引いた残額は掛けとした。

	┌負債の減少			
（借）前　受　金	50,000	（貸）売　　　　上	250,000
売　掛　金	200,000		

Section 1 貸付金と借入金

問題 **1** **貸付金と借入金の処理①**

| 基本：★★★★★ | 解答・解説 P.43 | 日付 | / | / | / |

▼次の一連の取引について青森商店と山形商店の仕訳を行いなさい。ただし、勘定科目は、次の中から最も適切と思われるものを選ぶこと。

支払利息　貸付金　受取利息　現金　借入金

3/1　青森商店は山形商店からの資金融資の要請を受け、借用証書を受け取り、現金 ¥500,000 を貸し付けた。

8/31 青森商店は、さきに山形商店に貸し付けた ¥500,000 の返済を受け、利息 ¥20,000 とともに現金で受け取った。

青森商店

	借　方　科　目	金　　額	貸　方　科　目	金　　額
3/1				
8/31				

山形商店

	借　方　科　目	金　　額	貸　方　科　目	金　　額
3/1				
8/31				

Chapter 1　Chapter 2　Chapter 3　Chapter 4　Chapter 5　Chapter 6　Chapter 7　Chapter 8　Chapter 9　Chapter 10　Chapter 11　Chapter 12

基本：★★★★★　解答・解説 P.44　日付 ／　／　／

▼**次の取引について仕訳を示しなさい。ただし、勘定科目は、次の中から最も適切と思われるものを選ぶこと。**

現金　普通預金　貸付金　借入金　受取利息　支払利息

①弁天商店から資金融資の要請を受けたので、普通預金口座から ¥500,000 を振り込んだ。

②手許資金が不足しているので、九条銀行から ¥300,000 の借入れを行い、現金で受け取った。

③取引先に対する貸付金 ¥250,000 を、利息 ¥5,000 とともに現金で返済を受けた。

④K銀行より ¥400,000 を借り入れ、普通預金口座に振り込まれた。

⑤大黒商店に現金 ¥800,000 を貸し付け、借用証書を受け取った。

⑥当座の営業資金として、全経銀行新宿支店より、¥1,000,000 を借り入れ、その資金が普通預金口座に入金された。

	借　方　科　目	金　　額	貸　方　科　目	金　　額
①				
②				
③				
④				
⑤				
⑥				

Chapter 1
Chapter 2
Chapter 3
Chapter 4
Chapter 5
Chapter 6
Chapter 7
Chapter 8
Chapter 9
Chapter 10
Chapter 11
Chapter 12

Section 2　未収金と未払金

問題 **3**　　**未収金と未払金の処理**

基本：★★★★☆　　解答・解説 P.45　　日付　／　／　／

▼(1)**次の一連の取引について仕訳を示しなさい。**
①取引先に土地（帳簿価額 ¥800,000）を帳簿価額と同額で売却し、代金は 10 日後に受け取ることとした。
②上記の代金を現金で受け取った。

▼(2)**次の一連の取引について仕訳を示しなさい。**
①営業用の机一式を ¥900,000 で購入し、代金は 1 週間後に支払うことにした。
②上記の代金のうち、¥500,000 は小切手を振り出して支払い、残額は現金で支払った。

(1)

	借　方　科　目	金　　額	貸　方　科　目	金　　額
①				
②				

(2)

	借　方　科　目	金　　額	貸　方　科　目	金　　額
①				
②				

Section 3　前払金と前受金

 4　**前払金と前受金の処理①**

基本：★★☆☆☆　　解答・解説 P.46　　日付　／　／　／

▼次の一連の取引について、富山商店と石川商店の仕訳を行いなさい。ただし、勘定科目は、次の中から最も適切と思われるものを選ぶこと。

現金　売掛金　前払金　買掛金　前受金　売上　仕入

7.8　富山商店は、石川商店より商品 ¥300,000 の注文を受け、予約金として ¥100,000 を現金で受け取った。

7.15　富山商店は、かねて石川商店より注文があった商品 ¥300,000 を引き渡し、代金のうち ¥100,000 は注文時に受け取った予約金と相殺し、残額は掛けとした。

富山商店

	借　方　科　目	金　　額	貸　方　科　目	金　　額
7.8				
7.15				

石川商店

	借　方　科　目	金　　額	貸　方　科　目	金　　額
7.8				
7.15				

前払金と前受金の処理②

基本：★★★★☆　解答・解説 P.47　日付　／　　／　　／

▼次の一連の取引について仕訳を示しなさい。ただし、勘定科目は、次の中から最も適切と思われるものを選ぶこと。

現金　当座預金　売掛金　前払金　買掛金　前受金　売上　仕入

(1)①長堀商店は中津商店に商品 ¥150,000 を注文し、内金として ¥50,000 を現金で支払った。

②長堀商店は上記の商品を本日受け取った。未払いの代金のうち、¥30,000 を小切手を振り出して支払い、残額は掛けとした。

(2)①佐田商店は、得意先岸里商店から商品 ¥160,000 の注文を受け、手付金として同店振出しの小切手 ¥68,000 を受け取った。

②佐田商店は岸里商店に商品を引き渡し、手付金を差し引いた残額については、同店振出しの小切手を受け取った。

(1)

	借　方　科　目	金　　額	貸　方　科　目	金　　額
①				
②				

(2)

	借　方　科　目	金　　額	貸　方　科　目	金　　額
①				
②				

問題 **6** 前払金と前受金の処理③

基本：★★☆☆☆ 　解答・解説 P.48 　日付 ／ ／ ／

▼次の取引を仕訳しなさい。ただし、**勘定科目は、次の中から最も適切と思われるもの**を選ぶこと。

現金 当座預金 普通預金 売掛金 支払手付金 買掛金 前受金 売上 仕入

①A商品（1個当たり販売価格 ¥1,500）の販売に先立ち、得意先房総商店より200個の予約注文を受け、商品代金全額を予約金として現金で受け取った。

②B商品（1個当たり販売価格 ¥750）の販売に先立ち、得意先浜名商店より800個の予約注文を受け、商品代金全額が予約金として普通預金口座に振り込まれた。

③仕入先小浜商店にC商品70個（単価 ¥2,000）を発注し、その手付金として現金 ¥90,000を支払った。

	借 方 科 目	金 額	貸 方 科 目	金 額
①				
②				
③				

Section 1 仮払金と仮受金

●**仮払金の処理**

出張旅費のように支出することが分かっていても、実際の金額や詳細な内容が決まっていないときに、あらかじめおおよその金額を出金して渡しておく場合に、その金額を仮払金勘定（資産）で処理します。

仮払金勘定で処理した場合は、支払った内容や金額が確定した後に適切な勘定科目に振り替えて精算します。

> 勘定科目や金額が未確定な支払いは仮払金勘定で一時的に処理し、それらが確定したときに適当な勘定科目に振り替えます。

⑴**仮払時の処理**

社員が出張するため、現金￥30,000 を仮払いした。

┌資産の増加

（借）仮 払 金	30,000	（貸）現 金	30,000

⑵**仮払金の精算時の処理**

上記の社員が出張から戻り、下記の通り精算し、差額は現金で受け取った。
〔交通費￥22,000、通信費￥3,000〕

┌資産の減少

（借）交 通 費	22,000	（貸）仮 払 金	30,000
通 信 費	3,000		
現 金	5,000		

●**仮受金の処理**

現金や銀行口座の入金を受けながら、その入金の内容がわからない場合は、内容が判明するまで仮受金勘定（負債）で処理します。

仮受金勘定で処理した場合は、入金内容が判明したら適切な勘定科目に振り替えます。

⑴**入金時の処理**

出張中の社員から、当座預金口座に￥5,000 の振込みがあったが、内容は不明である。

┌負債の増加

（借）当 座 預 金	5,000	（貸）仮 受 金	5,000

> 内容や内訳が不明な入金は仮受金勘定で一時的に処理し、内容が判明したときに適当な勘定科目に振り替えます。

⑵**仮受金の内容判明時の処理**

社員が帰社し、上記振込みは売掛金の回収額であると報告を受けた。

┌負債の減少

（借）仮 受 金	5,000	（貸）売 掛 金	5,000

2 消費税の処理

●消費税の処理（税抜方式）

消費税の税抜方式の処理では、物品などを売買したさいに、
物品の対価と消費税分とを分けて記帳します。

⑴購入（消費税の仮払い）時の処理

　商品¥330,000（うち消費税額 ¥30,000）を掛けで仕入れた。

（借）仕 入	300,000	（貸）買 掛 金	330,000
仮 払 消 費 税	30,000		

└資産の増加

⑵販売（消費税の仮受け）時の処理

　商品¥550,000（うち消費税額 ¥50,000）を現金で販売した。

（借）現 金	550,000	（貸）売 上	500,000
		仮 受 消 費 税	50,000

└負債の増加

Section 3　立替金・預り金と給料の支払い

●立替金の処理

　従業員や得意先等の当社以外のものが支払うべき金銭を、当社が代わって一時的に支払ったときには立替金勘定（資産）で処理します。

(1)立替時の処理

　従業員負担の保険料¥50,000を、当社が現金で立替払いした。

┌資産の増加

（借）立　替　金　50,000　（貸）現　　　金　50,000

従業員に対する立替払分については従業員立替金勘定を使うこともあります。

(2)回収時の処理（給料から差し引く場合）

　上記の立替分¥50,000を給料¥200,000から差し引いて、現金で支払った。

┌費用の増加

（借）給　　　料　200,000　（貸）現　　　金　150,000
　　　　　　　　　　　　　　　　　立　替　金　50,000
　　　　　　　　　　　　　　　　　└資産の減少

●預り金の処理

　各従業員が税務署や年金機構に支払うべき金銭を、会社が従業員に支払う給料から差し引いて、一時的に預かって納付する制度を**源泉徴収制度**といいます。
　源泉徴収制度において、会社が従業員から一時的に預かった金額は、預り金勘定（負債）で処理します。

従業員の所得税は源泉徴収し、後日従業員に代わって税金を支払うときまで一時的に預かっているものなので、預り金として処理します（所得税預り金とすることもあります）。

(1)給料支払時の処理

　従業員への給料¥200,000の支払いにさいして、所得税の源泉徴収額¥10,000を差し引き、現金で支払った。

┌費用の増加

（借）給　　　料　200,000　（貸）現　　　金　190,000
　　　　　　　　　　　　　　　　　預　り　金　10,000
　　　　　　　　　　　　　　　　　└負債の増加

(2)納付時の処理

　当社は、上記の所得税¥10,000を現金で納付した。

┌負債の減少

（借）預　り　金　10,000　（貸）現　　　金　10,000

Section 4 現金過不足

●**現金過不足とは**

　現金過不足とは、実際の現金残高と帳簿上の現金残高との差額のことをいいます。

●**現金過不足の処理**

| 不足の場合 |

(1)発生時

　現金の実際残高を調べたところ、帳簿残高より¥1,000不足していた。

	┌仮勘定の増加			┌資産の減少	
(借)	現 金 過 不 足	1,000	(貸)	現　　　　金	1,000

現金過不足が発生したら、帳簿残高を実際残高に合わせて修正します。実際残高＝事実なので事実に合わせて帳簿残高を修正します。

(2)原因判明時

　不足額¥1,000のうち、¥600は通信費の記帳漏れだった。

	┌費用の発生			┌仮勘定の減少	
(借)	通　信　費	600	(貸)	現 金 過 不 足	600

(3)決算時

　決算日をむかえ、残りの不足額¥400は原因が不明である。

	┌費用の発生			┌仮勘定の減少	
(借)	雑　　　損	400	(貸)	現 金 過 不 足	400

| 過剰の場合 |

(1)発生時

　現金の実際残高を調べたところ、帳簿残高より¥2,000多かった。

	┌資産の増加			┌仮勘定の増加	
(借)	現　　　　金	2,000	(貸)	現 金 過 不 足	2,000

(2)原因判明時

　過剰額¥2,000のうち、¥1,200は受取利息の記帳漏れだった。

	┌仮勘定の減少			┌収益の発生	
(借)	現 金 過 不 足	1,200	(貸)	受 取 利 息	1,200

(3)決算時

　決算日をむかえ、残りの過剰額¥800は原因が不明である。

	┌仮勘定の減少			┌収益の発生	
(借)	現 金 過 不 足	800	(貸)	雑　　　益	800

雑益を雑収入とすることもあります。

[重要!] 決算日になっても不一致の原因が判明しないとき、実際残高が不足の場合は雑損勘定に、過剰の場合は雑益勘定に振り替えて整理します。

●**決算日に過不足が発生したときの処理**

　決算の当日に現金過不足が発生し、当日中に原因が判明しなかった場合は、**現金過不足勘定は使わずに、雑損勘定または雑益勘定で処理します。**

Section 1 仮払金と仮受金

問題 1 仮払金と仮受金の処理

基本：★★★☆☆　解答・解説 P.49　日付　／　／　／

▼(1)次の一連の取引について仕訳を示しなさい。なお、出張旅費については旅費勘定を用いること。

①従業員に、出張旅費概算額￥50,000を現金で渡した。

②上記の従業員が帰ってきたので精算を行ったところ、現金￥3,000が戻ってきた。

▼(2)次の一連の取引について仕訳を示しなさい。

①出張中の従業員から、当座預金口座に￥900,000が振り込まれているが、内容は不明である。

②上記の従業員が出張から戻り、内容不明の￥900,000について確かめたところ、得意先からの売掛金の回収であることがわかった。

▼(3)次の一連の取引について仕訳を示しなさい。ただし、勘定科目は、次の中から最も適切と思われるものを選ぶこと。

現金　当座預金　売掛金　仮払金　前受金　仮受金　旅費

① 従業員の出張にあたり旅費概算額￥50,000を現金で渡した。

② 出張中の従業員から￥200,000の当座振込みがあったが、内容は不明である。

③ 出張から従業員が帰り、旅費を精算して現金￥8,000の返金があった。なお、当座振込み￥200,000は、得意先からの内金であることがわかった。

(1)

	借　方　科　目	金　　額	貸　方　科　目	金　　額
①				
②				

(2)

	借　方　科　目	金　　額	貸　方　科　目	金　　額
①				
②				

(3)

	借　方　科　目	金　　額	貸　方　科　目	金　　額
①				
②				
③				

Section 2 消費税の処理

問題 2 消費税の処理

| 基本：★★★☆☆ | 解答・解説 P.51 | 日付 | ／ | ／ | ／ |

▼次の取引について、税抜方式によって仕訳を示しなさい。ただし、勘定科目は、次の中から最も適切と思われるものを選ぶこと。なお、消費税率は 10％ である。

現金　当座預金　売掛金　支払手付金　仮払消費税

買掛金　仮受消費税　売上　仕入

1．得意先に対して商品￥440,000（うち消費税額 ￥40,000）を現金で売り上げた。
2．仕入先より商品￥132,000（うち消費税額￥12,000）を掛けで仕入れた。
3．得意先天竜商店にA商品￥924,000（うち消費税額￥84,000）を販売し、代金のうち￥500,000は天竜商店振り出しの小切手で受け取り、残額は掛けとした。
4．仕入先明石商店からA商品￥176,000（うち消費税額￥16,000）を仕入れ、代金のうち￥20,000は現金で支払い、残額は掛けとした。
5．仕入先明石商店からA商品￥814,000（うち消費税額￥74,000）を仕入れ、代金のうち￥100,000はすでに支払済みの手付金を充当し、残額は掛けとした。

	借　方　科　目	金　　額	貸　方　科　目	金　　額
1				
2				
3				
4				
5				

立替金・預り金と給料の支払い

Chapter 1
Chapter 2
Chapter 3
Chapter 4
Chapter 5
Chapter 6
Chapter 7
Chapter 8
Chapter 9
Chapter 10
Chapter 11
Chapter 12

問題 **3** **立替金と預り金の処理①**

基本：★★★☆☆ ｜ 解答・解説 P.52 ｜ **日付** ｜ ／ ｜ ／ ｜ ／ ｜

▼次の一連の取引について仕訳を示しなさい。ただし、勘定科目は、次の中から最も適切と思われるものを選ぶこと。

現金　立替金　預り金　給料

(1) 従業員負担の団体生命保険料¥90,000 を現金にて立替払いした。
(2) 給料日となったので従業員に対して、給料¥420,000 から上記の保険料の立替払い分と源泉所得税¥35,000 を差し引いた残額を現金で支払った。
(3) (2)の源泉所得税を現金で納付した。

	借 方 科 目	金 額	貸 方 科 目	金 額
(1)				
(2)				
(3)				

問題 **4** 立替金と預り金の処理②

| 基本：★★★☆☆ | 解答・解説 P.53 | 日付 | / | / | / |

▼**次の取引について仕訳を示しなさい。ただし、勘定科目は、次の中から最も適切と思われるものを選ぶこと。**

現金　従業員立替金　社会保険料預り金　所得税預り金　給料

①給料日となり、給料総額￥300,000から立替金￥40,000を差し引き、残額を現金で支払った。

②給料日となったため、給料総額￥350,000から源泉所得税￥60,000、従業員負担の社会保険料￥70,000を差し引き、残額を現金で支払った。

	借　方　科　目	金　　額	貸　方　科　目	金　　額
①				
②				

問題 **5** **仮受金・仮払金・預り金**

基本：★★★☆☆　　解答・解説 P.54　　日付　／　／　／

▼次の取引について仕訳を示しなさい。ただし、勘定科目は、次の中から最も適切と思われるものを選ぶこと。

現金　当座預金　普通預金　仮払金　仮受金　所得税預り金　給料　旅費

1．出張中の従業員から、当店の当座預金口座に¥320,000の振込みがあったが、その内容は不明である。
2．出張から帰ってきた従業員から、概算払いしていた金額¥100,000（仮払金勘定で処理している）のうち旅費として¥85,000を使用し、残額は未使用分として現金で返金された。
3．従業員への給料¥380,000の支払いに際して、源泉所得税¥27,000を差し引いて、普通預金口座から口座振込で支払った。

	借　方　科　目	金　　額	貸　方　科　目	金　　額
1				
2				
3				

Section 4 現金過不足

問題 **6** 　**現金過不足①**

| 基本：★★★☆☆ | 解答・解説 P.55 | 日付 | ／ | ／ | ／ |

▼次の一連の取引について仕訳を示しなさい。ただし、勘定科目は、次の中から最も適切と思われるものを選ぶこと。

　現金　現金過不足　受取利息　雑益

①現金の手許有高を調べたところ、帳簿残高より¥2,600多かった。
②調査の結果、¥2,500は受取利息の記帳漏れであることがわかった。
③残額については決算日になっても原因が不明であり、雑損または雑益として処理する。

	借　方　科　目	金　　額	貸　方　科　目	金　　額
①				
②				
③				

問題 **7** 　**現金過不足②**

| 基本：★★★☆☆ | 解答・解説 P.56 | 日付 | ／ | ／ | ／ |

▼次の一連の取引について仕訳を示しなさい。ただし、勘定科目は、次の中から最も適切と思われるものを選ぶこと。

　現金　現金過不足　売掛金　買掛金　受取利息　雑益　支払利息　雑損

①本日、現金の手許有高を調べたところ帳簿残高より¥4,000多かった。
②調査の結果、受取利息¥1,200、売掛金の回収分¥3,500および支払利息¥1,000の記帳漏れであることが判明した（すべて現金取引）。
③決算日となったが、残額は原因不明であり、雑損または雑益として処理する。

	借　方　科　目	金　　額	貸　方　科　目	金　　額
①				
②				
③				

| 問題 **8** | 現金過不足③ |

| 基本：★★★☆☆ | 解答・解説 P.57 | 日付 | ／ | ／ | ／ |

▼次に示す取引を仕訳し、下記の勘定口座に転記しなさい。なお、勘定口座には日付、相手勘定、金額を転記すること。

11月25日　千葉商店は、現金の実際有高を調べたところ、帳簿残高より¥7,800不足していた。

12月21日　上記の不足額のうち¥4,000は、家賃支払いの記帳漏れであることが判明した。

31日　決算日になっても現金不足額の残高¥3,800については、その原因が不明のため、雑損勘定に振り替えた。

	借 方 科 目	金 額	貸 方 科 目	金 額
11/25				
12/21				
31				

現 金

残高	97,500		

現 金 過 不 足

支 払 家 賃

雑 損

Section 1 有価証券

●**有価証券とは**

会社の資金を運用（投資）するために購入して所有する、株式会社が発行する株式や、国などが発行する債券のことを**有価証券**といいます。有価証券の金額は、有価証券勘定（資産）で処理します。

●**有価証券の購入時の処理**

白川物産株式会社の株式 10 株を 1 株につき ¥50,000 で買い入れ、代金は購入手数料 ¥20,000 とともに小切手を振り出して支払った。

┌資産の増加
（借）有 価 証 券　520,000　（貸）当 座 預 金　520,000

取得原価：@¥50,000 × 10 株＋¥20,000 ＝¥520,000

●**有価証券の売却時の処理**

上記株式のうち 5 株を 1 株につき ¥60,000 で売却し、代金は現金で受け取った。

　　　　　　　　　　　　　　　　　　　┌資産の減少
（借）現　　　　　金　300,000　（貸）有 価 証 券　260,000

　　　　　　　　　　　　　　　　　　有価証券売却益　40,000
　　　　　　　　　　　　　　　　　　└収益の発生

Chapter 1 Chapter 2 Chapter 3 Chapter 4 Chapter 5 Chapter 6 Chapter 7 Chapter 8 Chapter 9 Chapter 10 Chapter 11 Chapter 12

Section 2 有形固定資産

●**有形固定資産とは**

土地、建物、備品、車輌運搬具のように、長い期間営業に使用するために所有する資産のことを**有形固定資産**といいます。

●**減価償却とは**

有形固定資産の価値は、使用することや、時間が経過し古くなることによって減少していくため、その価値の減少を見積り、費用として計上する手続きのことを**減価償却**といいます。

有形固定資産の価値の減少を見積り、費用として計上するには減価償却費勘定（費用）で処理します。

●**固定資産の購入時の処理**

備品￥970,000を購入し、送料（当社負担）￥30,000とともに現金で支払った。

```
        ┌資産の増加
（借）備     品 1,000,000 （貸）現     金 1,000,000
```

●**決算時の処理**

決算にさいして減価償却を行う（定額法、耐用年数8年、残存価額はゼロ、直接法による）。

```
        ┌費用の発生
（借）減 価 償 却 費* 125,000 （貸）備     品 125,000
```

＊￥1,000,000÷8
年＝￥125,000

Section 1 有価証券

問題 **1** 有価証券の処理①

基本：★★★★★　　解答・解説 P.58　　日付 ／　　／　　／

▼次の一連の取引について仕訳を示しなさい。ただし、勘定科目は、次の中から最も適切と思われるものを選ぶこと。

現金　当座預金　売掛金　未収金　有価証券　有価証券売却益　有価証券売却損

(1) 5.15 A社株式を1株当たり ¥700 で 5,000 株購入し、代金は手数料 ¥50,000 とともに小切手を振り出して支払った。

6.20 A社株式のすべてを1株当たり ¥750 で売却し、代金は月末に受け取ることとした。

(2) 10.10 O社発行の額面 ¥1,000,000（一口の額面 @¥100）の社債を @¥97 で買い入れ、手数料 ¥30,000 とともに小切手を振り出して支払った。

11.15 O社社債のすべてを @¥100 につき @¥96 で売却し、代金は他社振出小切手で受け取った。

		借　方　科　目	金　　額	貸　方　科　目	金　　額
(1)	5.15				
	6.20				
(2)	10.10				
	11.15				

問題 **2** 　**有価証券の処理②**

基本：★★★★★ 　解答・解説 P.59 　**日付** 　／ 　／ 　／

▼次の取引について仕訳を示しなさい。ただし、勘定科目は、次の中から最も適切と思われるものを選ぶこと。

現金　当座預金　未収金　有価証券　有価証券売却益　有価証券売却損

①徳島株式会社の株式を、1株当たり￥700で2,000株購入し、代金は手数料￥30,000とともに小切手を振り出して支払った。

②上記の株式すべてを、1株当たり￥800で売却し、代金は当座預金口座に振り込まれた。

③山形株式会社発行の社債（額面金額￥3,000,000）を、額面￥100につき￥98で買い入れ、代金は小切手を振り出して支払った（1口の額面￥100）。

④上記社債のうち額面￥1,000,000を、額面￥100につき￥96で売却し、代金は現金で受け取った。

⑤当期に購入した有価証券（帳簿価額￥660,000）を、￥600,000で売却し、その代金を現金で受け取った。

⑥当期に購入した岩手産業株式会社の株式3千株（帳簿価額￥1,200,000）を￥1,400,000で売却し、その代金は当座預金口座に振り込まれた。

	借　方　科　目	金　　額	貸　方　科　目	金　　額
①				
②				
③				
④				
⑤				
⑥				

Section 2 有形固定資産

問題 3 固定資産の購入と減価償却

基本：★★★★★ 解答・解説 P.60 日付 ／ ／ ／

▼次の取引について仕訳を示しなさい。ただし、勘定科目は、次の中から最も適切と思われるものを選ぶこと。なお、減価償却の記帳法は直接法による。

現金 当座預金 建物 備品 減価償却費

① 1月1日 倉庫を￥2,800,000で購入し、手数料￥150,000とともに小切手を振り出して支払った。

12月31日 決算にさいして、上記倉庫の減価償却を行う。定額法、耐用年数25年、残存価額はゼロとする。

② 営業用の建物￥10,000,000を購入し、小切手を振り出して支払った。なお、不動産業者への手数料￥500,000は現金で支払った。

③ 決算にあたり、店舗の1年分の減価償却を定額法で行った。ただし、店舗の取得原価￥40,000,000 残存価額は取得原価の10% 耐用年数40年である。

④ 備品（取得原価￥900,000）につき、定額法、耐用年数6年、残存価額ゼロで減価償却を行う。

⑤ 取得原価￥480,000のパソコンにつき、定額法、耐用年数5年、残存価額ゼロで減価償却を行う。

		借 方 科 目	金 額	貸 方 科 目	金 額
①	1/1				
	12/31				
②					
③					
④					
⑤					

とおるポイント

Chapter 1
Chapter 2
Chapter 3
Chapter 4
Chapter 5
Chapter 6
Chapter 7
Chapter 8
Chapter 9
Chapter 10
Chapter 11
Chapter 12

Section 1 株式の発行

●**株式の発行**

株式会社は設立にあたり株式を発行します。

●**株式発行時の処理**

会社法の規定では原則として、払込金額の全額を資本金とします。

成田株式会社は会社設立にさいし、株式 100 株を 1 株 ¥50,000 で発行し、払込金額は当座預金とした。

(借) 当 座 預 金	5,000,000	(貸) 資 本 金	5,000,000

Section 2 株式会社の資本構成

●**株式会社の資本構成**

株主資本の構成	貸借対照表の表示		
	純資産の部		
	Ⅰ 株 主 資 本		
資 本 金	1 資 本 金		650,000
	2 利 益 剰 余 金		
利益剰余金 ┌ 利益準備金	(1) 利 益 準 備 金	40,000	
└ その他利益剰余金	(2) その他利益剰余金		
	繰越利益剰余金	50,000	90,000
	純資産合計		740,000

株主資本（純資産）

Section 1 株式の発行

問題 1 会社設立時の株式発行

基本：★★★☆☆ 　解答・解説 P.61 　日付 ／ ／ ／

▼次の各取引について仕訳を示しなさい。

①関東株式会社は、会社設立にさいし、2,000株を1株 ¥120,000で発行し、払込金額は当座預金とした。

②関西株式会社は、会社設立にさいし、株式1,500株を1株の発行価額 ¥80,000で発行し、全株式について払込みを受け、払込金額を当座預金に預け入れた。

	借 方 科 目	金 額	貸 方 科 目	金 額
①				
②				

Section 2 株式会社の資本構成

問題 2 純資産の部の構成

基本：★★☆☆☆ 　解答・解説 P.61 　日付 ／ ／ ／

▼次の貸借対照表の一部（純資産の部）について、（イ）〜（ニ）に適切な語句または数値を記入しなさい。

```
        純 資 産 の 部      （単位：千円）
1 資    本    金              1,500,000
2 利益（   イ    ）
  (1) 利 益 準 備 金     100,000
  (2) （    ロ     ）
      （    ハ     ） （    ニ    ）  300,000
                                    1,800,000
```

イ		ロ	
ハ		ニ	

Chapter 11　とおるポイント

Chapter 1
Chapter 2
Chapter 3
Chapter 4
Chapter 5
Chapter 6
Chapter 7
Chapter 8
Chapter 9
Chapter 10
Chapter 11
Chapter 12

Section 1　決算整理記入

●すでに学習した決算整理事項

(1)現金過不足の処理

期中に現金 ¥10,000 が帳簿残高よりも減少していたため、現金過不足として処理していたが、原因が不明のまま決算となったので雑損として処理する。

(借) 雑　　　　　損	10,000	(貸) 現 金 過 不 足	10,000

(2)固定資産の減価償却

当年度期首に取得した建物について定額法によって減価償却を行う。なお、取得原価は¥500,000、残存価額はゼロ、耐用年数は 10 年、直接法により記帳する。

┌費用の発生

(借) 減 価 償 却 費	50,000	(貸) 建　　　　　物	50,000

　¥500,000 ÷ 10 年 = ¥50,000

Section 2　売上原価の計算

売上原価とは、当期に販売された商品の原価をいいます。

●売上原価の計算 (仕入勘定で計算)

期首商品棚卸高 ¥100,000、当期仕入高 ¥500,000、期末商品棚卸高¥200,000 の場合において売上原価を算定する。

┌費用の増加　　　　　　　　　　　　　　　　　┌資産の減少

①	(借) 仕　　　　　入	100,000	(貸) 繰 越 商 品	100,000
②	(借) 繰 越 商 品	200,000	(貸) 仕　　　　　入	200,000

└資産の増加　　　　　　　　　　　　　　　　　└費用の減少

売上原価 = 期首商品棚卸高 + 当期商品(純)仕入高 − 期末商品棚卸高

Section 3 貸倒れの見積もり

●貸倒れの見積もり

決算において、売掛金期末残高 ¥300,000 に対して 2 ％の貸倒れを見積もる。
なお、貸倒引当金勘定残高は¥1,000 である。

		┌費用の発生				
(借)	貸倒引当金繰入	5,000	(貸)	貸 倒 引 当 金	50,000

¥300,000 × 2 ％ － ¥1,000 ＝ ¥5,000
貸倒引当金繰入額＝売上債権の期末残高×設定率－貸倒引当金残高

●貸倒れの発生

当期において、前期発生分の売掛金¥20,000 が貸倒れとなった。
なお、貸倒引当金勘定残高は次のとおりである。

⑴貸倒引当金残高が¥25,000 の場合

(借)	貸 倒 引 当 金	20,000	(貸)	売 掛 金	20,000

⑵貸倒引当金残高が¥15,000 の場合

(借)	貸 倒 引 当 金	15,000	(貸)	売 掛 金	20,000
	貸 倒 損 失	5,000			

●当期中に発生した売掛金の貸倒れ

当期に発生したＡ社に対する売掛金¥12,000 が回収不能となり、全額貸倒れ処理した。

(借)	貸 倒 損 失	12,000	(貸)	売 掛 金	12,000

当期中に発生した売掛金が貸し倒れた場合は、全額を貸倒損失勘定（費用）で処理します。

Section 4 消耗品費の処理

消耗品を購入したときには、購入額を消耗品費勘定（費用）で処理します。しかし、期末になって未使用のまま残っている消耗品は、費用で処理したのを取り消し、消耗品勘定（資産）に振り替え、次期へ繰り越します。

●消耗品の処理

購 入 時 プリンター用インク ¥18,000 を現金で購入した。

(借)	消 耗 品 費	18,000	(貸)	現 金	18,000

決 算 時 決算になり、プリンター用インクが ¥3,000 分残っていた。

(借)	消 耗 品	3,000	(貸)	消 耗 品 費	3,000

5·6 費用の繰延べ・見越し

●営業費用の繰延べ

決算整理前の費用の残高は、期中に支払った金額で記録されているため、次期の費用を当期に支払った場合には、残高に次期の費用が含まれています。そこで、費用の前払い分を、当期の費用から取り除く処理を費用の繰延べといいます。

決算において、保険料 ¥9,000 を繰延べる。

| （借）前 払 保 険 料 | 9,000 | （貸）保　険　料 | 9,000 |

●営業費用の見越し

決算整理前の費用の残高は、期中に支払った金額で記録されているため、当期の費用を次期に支払う場合には、残高に当期の費用が含まれていません。そこで、費用の未払い分を、当期の費用に追加計上する処理を費用の見越しといいます。

決算において、給料の未払い分 ¥50,000 を見越計上する。

| （借）給　　　料 | 50,000 | （貸）未 払 給 料 | 50,000 |

Chapter 1
Chapter 2
Chapter 3
Chapter 4
Chapter 5
Chapter 6
Chapter 7
Chapter 8
Chapter 9
Chapter 10
Chapter 11
Chapter 12

決算整理記入

問題 1 **現金過不足の処理**

基本：★★★★☆ 解答・解説 P.62 日付 ／ ／ ／

▼**決算日において、次の取引の決算整理仕訳を示しなさい。**

期中に現金 ¥3,000 が帳簿残高よりも増加していることが判明したため、現金過不足として処理していた。決算となっても原因が不明につき、雑益として処理することとした。

借　方　科　目	金　　額	貸　方　科　目	金　　額

問題 2 **固定資産の減価償却**

基本：★★★★★ 解答・解説 P.62 日付 ／ ／ ／

▼**決算日において、次の取引の決算整理仕訳を示しなさい。**

備品について定額法により減価償却を行う。

備品：取得原価　¥300,000　　耐用年数　5年　　残存価額　ゼロ

減価償却の記帳は直接法による。

借　方　科　目	金　　額	貸　方　科　目	金　　額

Section 2 売上原価の計算

 問題 **3** 売上原価の計算

基本：★★★★★　解答・解説 P.63　**日付** ／　／　／

▼次の資料にもとづいて決算整理仕訳を示しなさい。なお、売上原価の算定は仕入勘定で行う。

（資　料）

期首商品棚卸高　¥50,000　　　当期商品仕入高　¥250,000
期末商品棚卸高　¥60,000

借　方　科　目	金　　額	貸　方　科　目	金　　額

問題 **4** 貸借対照表と損益計算書にかかわる公式①

基本：★★★☆☆　解答・解説 P.64　**日付** ／　／　／

▼次の資料によって、（ア）期首純資産（期首資本）、（イ）売上原価、（ウ）売上総利益、（エ）当期純利益の各金額を求めなさい。なお、損益取引以外の取引により生じた純資産の変動はなかった。

(1)　期首資産　¥ 6,400,000（うち、商品　¥1,160,000）　　期首負債　¥1,400,000
(2)　期末資産　¥ 6,920,000（うち、商品　¥1,200,000）　　期末負債　¥1,470,000
(3)　純売上高　¥10,900,000
(4)　純仕入高　¥ 7,040,000

（ア）期首純資産（期首資本）	（イ）売上原価	（ウ）売上総利益	（エ）当期純利益
¥	¥	¥	¥

問題 **5** | **貸借対照表と損益計算書にかかわる公式②**

基本：★★★☆☆ | 解答・解説 P.66 | 日付 | ／ | ／ | ／

▼次の資料によって、期首純資産（資本）・売上原価・売上総利益・当期純損失の各金額を求めなさい。なお、当期中に損益取引以外の取引により生じた純資産の増減はなかったものとする。

(1) 期首資産 ￥ 6,192,000（うち商品 ￥1,283,000）　期首負債 ￥3,221,500
(2) 期末資産 ￥ 5,989,500（うち商品 ￥1,258,000）　期末負債 ￥3,364,500
(3) 純売上高 ￥14,127,000
(4) 純仕入高 ￥11,231,000

期首純資産（資本）	売 上 原 価	売 上 総 利 益	当 期 純 損 失
￥	￥	￥	￥

Section **3** 貸倒れの見積もり

問題 **6**　**貸倒れの発生①**

基本：★★★★★　解答・解説 P.67　日付　／　／　／

▼決算日（3月31日）における次の取引の仕訳を示しなさい。ただし、勘定科目は、次の中から最も適切と思われるものを選ぶこと。

現金　売掛金　貸倒引当金　貸倒損失

(1)　前期発生分の売掛金 ¥8,000 が貸倒れとなった。なお貸倒引当金残高が ¥10,000 ある。

(2)　前期発生分の売掛金 ¥32,000 が貸倒れとなった。なお貸倒引当金残高が ¥21,000 ある。

(3)　当期発生分の売掛金 ¥10,000 が貸倒れとなった。なお貸倒引当金残高が ¥12,000 ある。

	借　方　科　目	金　　額	貸　方　科　目	金　　額
(1)				
(2)				
(3)				

問題 **7**　**貸倒れの発生②**

基本：★★★★★　解答・解説 P.67　日付　／　／　／

▼次の取引について仕訳を示しなさい。ただし、勘定科目は、次の中から最も適切と思われるものを選ぶこと。

現金　売掛金　貸倒引当金　貸倒損失

(1)前期に生じた京浜商事株式会社に対する売掛金 ¥155,000 が回収不能となり、全額貸倒引当金で充当する処理を行った。

(2)当期に生じた水戸物産株式会社に対する売掛金 ¥560,000 が回収不能となり、全額貸倒処理を行った。

	借　方　科　目	金　　額	貸　方　科　目	金　　額
(1)				
(2)				

基本：★★★★★　　解答・解説 P.68　　日付　／　／　／

▼決算日（3月31日）における次の取引について仕訳を示しなさい。ただし、勘定科目は、次の中から最も適切と思われるものを選ぶこと。

現金　売掛金　貸倒引当金　貸倒損失　貸倒引当金繰入

(1)①当期分の売掛金¥2,000が貸倒れとなった。なお、貸倒引当金残高は¥2,000である。
　　②①の貸倒れ処理後の売掛金残高は¥120,000である。売掛金残高に対して2％の貸倒引当金を、差額補充法により設定する。

(2)①前期分の売掛金¥14,000が貸倒れとなった。なお、貸倒引当金残高は¥20,000である。
　　②①の貸倒れ処理後の売掛金残高は¥250,000である。売掛金残高に対して4％の貸倒引当金を、差額補充法により設定する。

		借　方　科　目	金　　額	貸　方　科　目	金　　額
(1)	①				
	②				
(2)	①				
	②				

Section 4 消耗品費の処理

問題 9 消耗品費の処理①

基本：★★★☆☆ 解答・解説 P.69 日付 / / /

▼次の資料を読み、(1)決算日（3月31日）における決算整理仕訳を示し、(2)決算整理後の消耗品費の残高と消耗品の残高をそれぞれ答えなさい。

期末に ¥170,000 が消耗品費として記入されているが、消耗品の未使用分 ¥40,000 がある。

(1)

借 方 科 目	金 額	貸 方 科 目	金 額

(2)

決算整理後の消耗品費の残高	円	決算整理後の消耗品の残高	円

問題 10 消耗品費の処理②

基本：★★★☆☆ 解答・解説 P.70 日付 / / /

▼(1)期中に現金で消耗品を ¥30,000 購入し、決算日における未使用高は ¥5,000 であった。①消耗品の購入時と②決算時の仕訳を示しなさい。

(2)決算整理後の消耗品費の残高と消耗品の残高をそれぞれ答えなさい。

(1)

	借 方 科 目	金 額	貸 方 科 目	金 額
①				
②				

(2)

決算整理後の消耗品費の残高	円	決算整理後の消耗品の残高	円

Section 5·6 費用の繰延べ・見越し

問題 11 費用の繰延べ

基本：★☆☆☆☆　解答・解説 P.71　日付　／　／　／

▼以下の各取引について仕訳を示しなさい。
　①期中に支払った保険料のうち未経過分¥30,000を繰り延べた。
　②期中に支払った家賃のうち未経過分¥160,000を繰り延べた。

	借 方 科 目	金 額	貸 方 科 目	金 額
①				
②				

問題 12 費用の見越し

基本：★☆☆☆☆　解答・解説 P.71　日付　／　／　／

▼以下の各取引について仕訳を示しなさい。
　①給料の未払高が¥9,000あった。
　②手数料の未払高が¥30,000あった。

	借 方 科 目	金 額	貸 方 科 目	金 額
①				
②				

問題 **13** 決算整理仕訳

| 基本：★★★★★ | 解答・解説 P.72 | 日付 | ／ | ／ | ／ |

▼決算にあたって修正すべき次の事項（決算整理事項）にもとづいて、仕訳を示しなさい。

(1) 現金の実際有高が帳簿残高より¥1,000不足していたので、現金過不足勘定で処理していたが、決算日になっても原因不明のため、雑損として処理する。

(2) 備品（当期首取得　取得原価¥5,000,000　耐用年数5年　残存価額　ゼロ）に対して、定額法により減価償却費の計算を行う。なお、減価償却は直接法により記帳する。

(3) 次の資料にもとづいて決算整理仕訳を示し、売上原価を算定した。
（資料）
　　期首商品棚卸高　¥320,000　　当期商品仕入高　¥18,000,000
　　期末商品棚卸高　¥470,000

(4) 期末において、売掛金残高¥3,500,000、貸倒引当金残高¥30,000であり、決算につき貸倒引当金を設定する。なお、当社では売掛金残高に対して1.2％の貸倒れを見積もり、差額補充法により処理する。

	借　方　科　目	金　　額	貸　方　科　目	金　　額
(1)				
(2)				
(3)				
(4)				

出題傾向と対策

第5問で必ず出題されています。配点も高いので、必ずマスターしましょう。
精算表は次のとおり作成します。

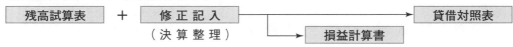

残高試算表　＋　修正記入
（決算整理）　──────────→　貸借対照表
　　　　　　　└────→　損益計算書

必ず出る！

決算整理仕訳と精算表記入

以下の決算整理事項と仕訳は必ず出るものです。しっかりと確認しておきましょう。

① 期末商品棚卸高は¥50,000である。売上原価は「仕入」の行で計算する。
② 売掛金の期末残高に対して3％の貸倒引当金を差額補充法により設定する。
③ 備品について定額法により減価償却を行う。耐用年数8年、残存価額はゼロとし、記帳方法は直接法によることとする。なお、取得原価は¥200,000である。
④ 現金過不足は原因不明につき雑益として処理する。
⑤ 消耗品の未使用高¥10,000がある。
⑥ 費用の繰延べ（前払○○）、見越し（未払○○）の額を計上する。

精算表の修正記入欄の記入は残高試算表欄の金額と同じ側なら⊕、逆側なら⊖して計算し、損益計算書や貸借対照表に記入します。

前払○○、未払○○
の○○に費用の科目
が入ります。

①売上原価の算定

	勘定科目	残高試算表 借方	残高試算表 貸方	修正記入 借方	修正記入 貸方	損益計算書 借方	損益計算書 貸方	貸借対照表 借方	貸借対照表 貸方
資産	繰越商品	40,000		⊕ 50,000	⊖ 40,000			→ 50,000	
費用	仕　入	100,000		⊕ 40,000	⊖ 50,000	→ 90,000			

期首商品 ／ 期末商品 ／ 当期商品純仕入高 ／ 売上原価

②貸倒れの見積もり

	勘定科目	残高試算表 借方	残高試算表 貸方	修正記入 借方	修正記入 貸方	損益計算書 借方	損益計算書 貸方	貸借対照表 借方	貸借対照表 貸方
資産	売掛金	30,000						→ 30,000	
資産のマイナス	貸倒引当金		200		⊕❷ 700				❶ 900
費用	貸倒引当金繰入			⊕ 700		→ 700			

先に❶¥30,000 × 3 % = ¥900を記入し、次に❷¥900 − ¥200 = ¥700を記入します。

③固定資産の減価償却

	勘定科目	残高試算表 借方	残高試算表 貸方	修正記入 借方	修正記入 貸方	損益計算書 借方	損益計算書 貸方	貸借対照表 借方	貸借対照表 貸方
資産	備品	200,000			⊖ 25,000			→ 175,000	
費用	減価償却費			⊕ 25,000*		→ 25,000			

＊¥200,000 ÷ 8 年 = ¥25,000

④現金過不足の処理

	勘定科目	残高試算表 借方	残高試算表 貸方	修正記入 借方	修正記入 貸方	損益計算書 借方	損益計算書 貸方	貸借対照表 借方	貸借対照表 貸方
	現金過不足		300	⊖ 300					
収益	雑益				⊕ 300		→ 300		

⑤消耗品の処理

	勘定科目	残高試算表 借方	残高試算表 貸方	修正記入 借方	修正記入 貸方	損益計算書 借方	損益計算書 貸方	貸借対照表 借方	貸借対照表 貸方
費用	消耗品費	70,000			⊖ 10,000	60,000			
資産	消耗品			⊕ 10,000				→ 10,000	

⑥家賃の前払（繰延べ）

	勘定科目	残高試算表 借方	残高試算表 貸方	修正記入 借方	修正記入 貸方	損益計算書 借方	損益計算書 貸方	貸借対照表 借方	貸借対照表 貸方
費用	支払家賃	390,000			⊖ 30,000	360,000			
資産	前払家賃			⊕ 30,000				→ 30,000	

⑦給料の未払（見越し）

	勘定科目	残高試算表 借方	残高試算表 貸方	修正記入 借方	修正記入 貸方	損益計算書 借方	損益計算書 貸方	貸借対照表 借方	貸借対照表 貸方
費用	給料	275,000		⊕ 20,000		295,000			
負債	未払給料				⊕ 20,000				20,000

Section 2 損益計算書と貸借対照表

● 外部の人々（利害関係者）に企業の経営成績や財政状態を報告するための書類
● 決算整理前残高に決算整理仕訳を加えた金額（＝決算整理後残高）をもとに作成する。
● 一部の勘定科目は、財務諸表（損益計算書と貸借対照表）に記載する表示科目が異なる。

勘定科目名	繰 越 商 品	⇒	貸借対照表 表示科目	商　　　　品
	前 払 保 険 料 など			前 払 費 用
	未 払 給 料 など			未 払 費 用
	売　　　　上		損益計算書 表示科目	売 上 高
	仕　　　　入			売 上 原 価

損　益　計　算　書
自×7年4月1日　　至×8年3月31日　　（単位：円）

費　　　　用	金　　額	収　　　益	金　　額
売 上 原 価	610,000	売　　上　　高	850,000
給　　　料	75,000	受 取 利 息	5,000
支 払 家 賃	64,000	有価証券売却益	7,000
貸倒引当金繰入	2,000		
減 価 償 却 費	5,000		
支 払 利 息	9,000		
当 期 純 利 益	97,000		
	862,000		862,000

貸　借　対　照　表
×8年3月31日　　（単位：円）

資　　　　産	金　　額		負債および純資産	金　　額
現　　　金		40,000	買　掛　金	136,000
当 座 預 金		48,000	未 払 費 用	6,000
売　掛　金	200,000		借　入　金	270,000
貸 倒 引 当 金	4,000	196,000	資　本　金	200,000
有 価 証 券		64,000	繰越利益剰余金	97,000
商　　　品		83,000		
前 払 費 用		5,000		
備　　　品		43,000		
土　　　地		230,000		
		709,000		709,000

（補足）

全経3級では会計期間は4月1日～翌年3月31日で出題されることが多いですが、1月1日～12月31日や10月1日～翌年9月30日など、その他の期間でも出題されることがあります。

解答用紙は間違えるための場所

　解答用紙に、せっせと正解を書き写す人がいる。

　これは「教科書後遺症」で、小中高と使ってきた教科書に、正解が記載されていない（先生が正解を披歴する）問題が多くあり、それを復習するためには正解を書き写さざるを得なかったことに起因している（と思っている）。

　しかし、この本には、正解があるので、そんな必要はまったくない。

　正解を書くなど、まったくナンセンスなことなのである。

　なら、解答用紙は何のためにあるのか。

　解答用紙は"間違えるための場所"として、存在しているのである。

　「こうかな？」と思ったことは、必ず解答用紙に書く。

　書いて、正解なら嬉しくて覚えるし、不正解ならしっかりと赤ペンで×をつけ、そこに「正しくはこう考える」といった『正解を導くための思考方法』や、「電卓の打ち間違え」などといった『間違えた理由』を書いておく。こうしておけば（正解したときよりもさらに）確実に理解し、マスターできる。

　さらに、この解答用紙が自動的に『間違いノート』になってくれる。

　"×より○が大切なのは本試験だけ"

　本試験までは、どんどん解答用紙に書き込み、どんどん間違えよう！

　それが、本試験での○につながり、みなさんを合格に導きます。

　さぁ～！行け～！

Section 3 帳簿の締切り

●決算整理記入が終わった後に帳簿の締切を行って、当期と
次期の区切りを帳簿に記します。手順は次のとおりです。

(1)損益勘定の設定

総勘定元帳に損益勘定の口座を新たに設けます。

	仕　　入	
現　金	560	

	給　　料	
現　金	100	

	減価償却費	
備　品	30	

	売　　上	
	現　金	800

	受取利息	
	現　金	50

	繰越利益剰余金	
	前期繰越	400

	損　　益	

> 損益勘定は決算の時
> のみに使用する勘定
> です。

(2)損益振替仕訳

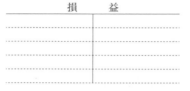

（借）売　　上	800	（貸）損　　益	850
受取利息	50		

（借）損　　益	690	（貸）仕　　入	560
		給　料	100
		減価償却費	30

損益振替仕訳を行った後に転記します。

> 相手勘定が複数で
> あっても、損益勘定
> では「諸口」とせず
> に、相手勘定と金額
> を個別に記入しま
> す。この損益勘定を
> もとに損益計算書を
> 作成するからです。

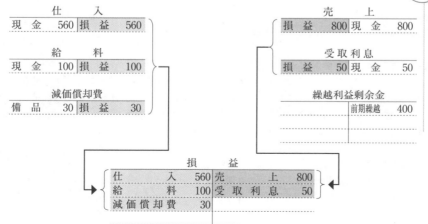

	仕　　入		
現　金	560	損　益	560

	給　　料		
現　金	100	損　益	100

	減価償却費		
備　品	30	損　益	30

	売　　上		
損　益	800	現　金	800

	受取利息		
損　益	50	現　金	50

	繰越利益剰余金	
	前期繰越	400

	損　　益		
仕　　入	560	売　　上	800
給　　料	100	受取利息	50
減価償却費	30		

(3)資本振替仕訳

損益勘定で算定された当期の純損益を繰越利益剰余金勘定へ振り替えます。

（借）　損　　　　　益　　　　160	（貸）　繰越利益剰余金　　　　160

仕訳にもとづいて転記します。

仕　　入			
現　金	560	損　益	560

給　　料			
現　金	100	損　益	100

減価償却費			
備　品	30	損　益	30

売　　上			
損　益	800	現　金	800

受取利息			
損　益	50	現　金	50

繰越利益剰余金		
	前期繰越	400
	損　益	160

損　　　益			
仕　　　　　入	560	売　　　　　上	800
給　　　　　料	100	受　取　利　息	50
減　価　償　却　費	30		
繰越利益剰余金	160		

(4)帳簿の締切り

収益・費用の勘定の貸借が一致していることを確認して、帳簿を締切ります。続いて、資産・負債・純資産の各勘定も残高を次期へ繰り越して締め切ります。

仕　　入			
現　金	560	損　益	560

給　　料			
現　金	100	損　益	100

減価償却費			
備　品	30	損　益	30

売　　上			
損　益	800	現　金	800

受取利息			
損　益	50	現　金	50

繰越利益剰余金			
次期繰越	560	前期繰越	400
		損　益	160
	560		560

損　　　益			
仕　　　　　入	560	売　　　　　上	800
給　　　　　料	100	受　取　利　息	50
減　価　償　却　費	30		
繰越利益剰余金	160		
	850		850

 ＿＿＿＿線は「ここまで計算します」を、＿＿＿＿は「ここで締切ります」を意味します。

Section 1 精算表

問題 1 ）**精算表の作成①**

基本：★★★★★ ｜ 解答・解説 P.74 ｜ 日付 ／ ／ ／

▼関東商事株式会社（会計期間はＸ２年４月１日～Ｘ３年３月31日）の次の決算整理事項によって精算表を完成させなさい。

決算整理事項
 1．期末商品棚卸高　￥800,000
 2．貸倒引当金　売掛金残高の1.2％の貸し倒れを見積る。差額補充法により処理すること。
 3．備品：減価償却　定額法により減価償却費の計算を行い、直接法により記帳している。
 　　　　　　　　　なお、備品の取得原価は￥6,000,000であり、耐用年数は10年、残存価額はゼロとする。
 4．現金過不足の残高は、原因不明につき、雑益として処理をする。
 5．給料の未払高　￥700,000
 6．家賃の前払高　￥100,000

$$精\quad算\quad表$$

勘　定　科　目	残 高 試 算 表		修　正　記　入		損 益 計 算 書		貸 借 対 照 表	
	借　方	貸　方	借　方	貸　方	借　方	貸　方	借　方	貸　方
現　　　　　金	251,000							
現 金 過 不 足		1,000						
当 座 預 金	2,170,000							
売　　掛　　金	4,000,000							
貸 倒 引 当 金		36,000						
有 価 証 券	2,000,000							
繰 越 商 品	750,000							
貸　　付　　金	3,000,000							
備　　　　　品	4,200,000							
買　　掛　　金		2,950,000						
前　　受　　金		163,000						
借　　入　　金		2,000,000						
資　　本　　金		8,000,000						
繰越利益剰余金		1,950,000						
売　　　　　上		33,000,000						
受 取 利 息		50,000						
仕　　　　　入	22,300,000							
給　　　　　料	7,300,000							
交　　際　　費	50,000							
広　　告　　費	140,000							
交　　通　　費	290,000							
通　　信　　費	250,000							
消 耗 品 費	70,000							
支 払 家 賃	1,300,000							
支 払 利 息	79,000							
	48,150,000	48,150,000						
貸倒引当金繰入								
減 価 償 却 費								
雑　　　　　益								
未 払 給 料								
前 払 家 賃								
当期純（　　　）								

Chapter 1
Chapter 2
Chapter 3
Chapter 4
Chapter 5
Chapter 6
Chapter 7
Chapter 8
Chapter 9
Chapter 10
Chapter 11
Chapter 12

| 基本：★★★★★ | 解答・解説 P.76 | 日付 | ／ | ／ | ／ |

▼和歌山商会株式会社（会計期間は４月１日〜翌年３月31日）の次の決算整理事項によって精算表を完成させなさい。

決算整理事項

1．期末商品棚卸高　￥449,000
2．貸倒引当金　売掛金残高の1.2%の貸し倒れを見積る。差額補充法により処理すること。
3．備品：減価償却　定額法（耐用年数は５年、残存価額は取得原価の10%）により減価償却費の計算を行う。
記帳方法は、直接（控除）法による。なお備品の取得原価は￥2,000,000であり、当期期首から使用を開始している。
4．消耗品の未使用　￥6,000
5．給料の未払高　￥155,000
6．広告費の前払高　￥36,000

精算表

勘定科目	残高試算表 借方	残高試算表 貸方	修正記入 借方	修正記入 貸方	損益計算書 借方	損益計算書 貸方	貸借対照表 借方	貸借対照表 貸方
現　　　　金	54,000							
当 座 預 金	2,823,000							
売　　掛　　金	900,000							
貸 倒 引 当 金		7,800						
有 価 証 券	3,200,000							
繰 越 商 品	300,000							
貸　　付　　金	1,800,000							
備　　　　品	2,000,000							
買　　掛　　金		870,000						
前　　受　　金		230,000						
借　　入　　金		3,000,000						
資　　本　　金		6,000,000						
繰越利益剰余金		475,000						
売　　　　上		31,500,000						
受 取 利 息		35,200						
仕　　　　入	23,000,000							
給　　　　料	5,900,000							
広　　告　　費	78,000							
交　　通　　費	120,000							
通　　信　　費	240,000							
消 耗 品 費	83,000							
支 払 家 賃	1,510,000							
支 払 利 息	110,000							
	42,118,000	42,118,000						
貸倒引当金繰入								
減 価 償 却 費								
消　　耗　　品								
未 払 給 料								
前 払 広 告 費								
当期純（　　　）								

基本：★★★★★ 解答・解説 P.78 日付 ／ ／ ／

▼株式会社山梨商会（会計期間は1月1日〜12月31日）の次の付記事項と決算整理事項によって精算表を完成させなさい。

付記事項
・出張先の従業員から当座預金口座に振り込まれていた金額￥200,000（仮受金勘定により処理）は、受注した商品に係る手付金であると判明した。

決算整理事項
1．期末商品棚卸高　￥580,000
2．貸 倒 引 当 金　売掛金残高の1.2%の貸し倒れを見積る。差額補充法により処理すること。
3．備品減価償却　定額法により減価償却費の計算を行い、直接法により記帳している。
　　　　　　　　　なお備品の取得原価は￥3,000,000であり、耐用年数は5年、残存価額はゼロとする。
4．現金過不足の残高は、原因不明につき、雑益として処理をする。
5．営業費の繰延べ　前払した家賃￥100,000がある。
6．営業費の見越し　給料の未払￥180,000がある。

精 算 表

勘 定 科 目	残 高 試 算 表 借 方	残 高 試 算 表 貸 方	修 正 記 入 借 方	修 正 記 入 貸 方	損 益 計 算 書 借 方	損 益 計 算 書 貸 方	貸 借 対 照 表 借 方	貸 借 対 照 表 貸 方
現 金	691,000							
現 金 過 不 足		1,000						
当 座 預 金	2,966,000							
売 掛 金	5,750,000							
貸 倒 引 当 金		55,000						
有 価 証 券	1,600,000							
繰 越 商 品	450,000							
貸 付 金	1,350,000							
備 品	1,200,000							
買 掛 金		4,158,000						
前 受 金		300,000						
仮 受 金		200,000						
借 入 金		2,000,000						
資 本 金		6,650,000						
繰越利益剰余金		50,000						
売 上		27,963,000						
受 取 利 息		72,000						
仕 入	16,725,000							
給 料	8,730,000							
広 告 費	210,000							
交 通 費	235,000							
通 信 費	158,000							
消 耗 品 費	38,000							
支 払 家 賃	1,300,000							
支 払 利 息	46,000							
	41,449,000	41,449,000						
貸倒引当金繰入								
減 価 償 却 費								
雑 益								
前 払 家 賃								
（　　　）給料								
当期純（　　　）								

Section 2 損益計算書と貸借対照表

問題 **4** 貸借対照表と損益計算書

 基本：★★★★★ 　解答・解説 P.80 　日付 ／ ／ ／

▼次の資料により、(1)期首の貸借対照表、(2)当期の損益計算書および期末の貸借対照表
を完成させなさい。ただし、科目名は損益計算書と貸借対照表に記載する表示科目を
用いて記入すること。

1．×1年4月1日（期首）の東京商店の資産、負債および純資産

現 金 ¥ 100,000	売 掛 金 ¥ 280,000	繰 越 商 品 ¥ 200,000
備 品 ¥ 150,000	買 掛 金 ¥ 250,000	借 入 金 ¥ 180,000
資 本 金 ¥ 200,000	繰越利益剰余金 ¥ ?	

2．×2年3月31日（期末）の東京商店の資産、負債および純資産

現 金 ¥ 80,000	売 掛 金 ¥ 260,000	繰 越 商 品 ¥ 200,000
建 物 ¥ 500,000	備 品 ¥ 200,000	買 掛 金 ¥ 390,000
借 入 金 ¥ 500,000	資 本 金 ¥ 200,000	繰越利益剰余金 ¥ ?

3．×1年4月1日から×2年3月31日までに発生した東京商店の収益および費用

仕 入 ¥ 650,000	給 料 ¥ 300,000	通 信 費 ¥ 60,000
交 通 費 ¥ 30,000	保 険 料 ¥ 50,000	支 払 利 息 ¥ 20,000
売 上 ¥ 950,000	有価証券売却益 ¥ 180,000	受 取 利 息 ¥ 30,000

(1)

貸 借 対 照 表

東京商店　　　　　　　　　　×1年4月1日　　　　　　　　　　（単位：円）

（　　　　　　　）	金　　額	（　　　　　　　）	金　　額

(2)

損 益 計 算 書

東京商店　　　　　　×1年4月1日〜×2年3月31日　　　　　　（単位：円）

（　　　　　　　）	金　　額	（　　　　　　　）	金　　額

貸 借 対 照 表

東京商店　　　　　　　　　　×2年3月31日　　　　　　　　　　（単位：円）

（　　　　　　　）	金　　額	（　　　　　　　）	金　　額

問題 **5** 貸借対照表と損益計算書の作成

応用：★★★★☆　　解答・解説 P.82　　日付　／　／　／

▼島根通商株式会社（会計期間は×1年4月1日～×2年3月31日）の決算整理前の総勘定元帳残高と決算整理事項に基づいて、貸借対照表と損益計算書を作成しなさい。

（決算整理前）総勘定元帳勘定残高

現　　　　　金	¥ 570,000	当 座 預 金	¥ 3,700,000	売　　掛　　金	¥ 6,000,000
貸 倒 引 当 金	60,000	繰 越 商 品	480,000	貸　　付　　金	1,500,000
備　　　　　品	2,160,000	買　　掛　　金	5,800,000	借　　入　　金	3,000,000
資　　本　　金	4,950,000	売　　　　　上	5,588,000	雑　　　　　益	2,000
受 取 利 息	110,000	仕　　　　　入	2,650,000	給　　　　　料	1,330,000
交　　通　　費	80,000	通　　信　　費	200,000	支 払 家 賃	630,000
支 払 利 息	210,000				

決算整理事項
1．期末商品棚卸高　　¥520,000
2．貸 倒 引 当 金　　売掛金残高の1.5%の貸し倒れを見積る。差額補充法により処理すること。
3．備品：減価償却　　定額法により減価償却費の計算を行い、直接法により記帳している。
　　　　　　　　　　　なお備品の取得原価は¥2,700,000であり、耐用年数は5年、残存価額はゼロとする。
4．給料の未払高　　　給料¥40,000を見越計上する。
5．純 損 益 の 振 替　　当期純利益（または当期純損失）を繰越利益剰余金勘定に振り替える。

貸借対照表

×2年3月31日　　　　　　（単位：円）

資　　　　　産	金　　額	負債および純資産	金　　額
現　　　　　　金		買　　掛　　金	
当　座　預　金		未　払　費　用	
売掛金（　　　）		借　　入　　金	
貸倒引当金（　　　）		資　　本　　金	
商　　　　　品		（　　　　　　　　　）	
貸　　付　　金			
備　　　　　品			

損益計算書

×1年4月1日～×2年3月31日　　（単位：円）

費　　　　　用	金　　額	収　　　　　益	金　　額
売　上　原　価		売　　上　　高	
給　　　　　料		雑　　　　　益	
交　　通　　費		受　取　利　息	
通　　信　　費			
支　払　家　賃			
支　払　利　息			
貸倒引当金繰入			
減　価　償　却　費			
当期純（　　　）			

Section 3 帳簿の締切り

問題 **6** 決算振替記入と帳簿の締切り

基本：★★★★☆ 　解答・解説 P.84　**日付** ／ ／ ／

▼次ページの諸勘定を締め切るため、次の(1)から(3)に答えなさい。

(1) 勘定残高の損益勘定への振替仕訳（損益振替仕訳）を示しなさい。

①収益の振替え

借　方　科　目	金　　　額	貸　方　科　目	金　　　額

②費用の振替え

借　方　科　目	金　　　額	貸　方　科　目	金　　　額

(2) 上記決算振替仕訳にもとづいて、次ページの各勘定に転記しなさい。

(3) 純損益の振替仕訳を示したのち転記し、各帳簿を締切りなさい。

損益勘定から繰越利益剰余金勘定への振替え（資本振替仕訳）

借　方　科　目	金　　　額	貸　方　科　目	金　　　額

売　　上

			現　　金	250,000
			現　　金	300,000
			現　　金	200,000

受取手数料

			現　　金	14,000
			現　　金	17,000

受 取 利 息

			現　　金	7,000

仕　　入

現　　金	175,000		
現　　金	195,000		
現　　金	135,000		

給　　料

現　　金	125,000		

水道光熱費

現　　金	43,000		

広　告　費

現　　金	34,000		

支 払 家 賃

現　　金	61,000		

繰越利益剰余金

			前 期 繰 越	800,000

損　　益

「取得原価がわからなくなる」

"1億円の家"をイメージしてみてください。

少し小さめでもピカピカの新築の家をイメージした方もおられるでしょうし、ボロボロになった大きな豪邸をイメージされた方もおられることと思います。

みなさんが3級で勉強してきた減価償却の『直接法』では、この違いがわからなくなってしまいます。

たとえば、取得原価10億円、残存価額1億円、耐用年数30年の建物の減価償却の処理はこうなりますね。

（借）減価償却費　3,000万円　（貸）建　　物　3,000万円　←（10億円－1億円）÷30年

取得後、これを30年続けると貸方の建物は累計で9億円となり、これを取得原価の10億円から差し引くと「建物1億円」となり、いま新たに1億円で建物を購入したのと同じになってしまいます。

これでは、ずいぶんイメージが分かれてしまいますね。

そこで、2級になると『間接法』が登場してきます。

間接法では、減価償却のときに、建物勘定を直接減らすのではなく、「建物減価償却累計額」という科目を使って間接的に（つまり建物勘定は取得原価のままにして）減らしていくことになります。仕訳で見てみましょう。

（借）減　価　償　却　費　3,000万円　　（貸）建物減価償却累計額　3,000万円

こうすることで、建物勘定はいつまでも取得原価の10億円のまま残しておくことができるのです。

このように、2級になるとより現実的に必要な処理を学んでいくことになります。

ではまた、2級の世界でお会いしましょう。

解答・解説編

Chapter 1 身のまわりの簿記

Section 1·2 自分貸借対照表を作ろう！
自分損益計算書を作ろう！

問題 1 勘定科目の分類

解答

(1)

①	a	②	b	③	c	④	d	⑤	e
⑥	e	⑦	a	⑧	e	⑨	e	⑩	b
⑪	a	⑫	a	⑬	a	⑭	e	⑮	d

(2)

貸借対照表

損益計算書

テキスト p.1-4 〜 13
参照

問題 2 貸借対照表、損益計算書

解答

① 貸借対照表 ② 損益計算書

テキスト p.1-4 〜 13
参照

Section 3 貸借対照表と損益計算書

問題 3　貸借対照表の作成と計算

解答

(1)

貸 借 対 照 表

九州商店		X8年4月1日			（単位：円）
資　　　　　産	金　　　額	負債および純資産		金　　　額
現　　　　　金	580,000	借　　入　　金		400,000
備　　　　　品	500,000	資　　本　　金		680,000
	1,080,000			1,080,000

(2)

貸 借 対 照 表

九州商店		X9年3月31日			（単位：円）
資　　　　　産	金　　　額	負債および純資産		金　　　額
現　　　　　金	470,000	買　　掛　　金		300,000
売　　掛　　金	380,000	借　　入　　金		250,000
備　　　　　品	500,000	資　　本　　金		800,000
	1,350,000			1,350,000

(3)

（単位：円）

期首純資産(資本)	期 末 資 産	期 末 負 債	期末純資産(資本)	当期純利益
165,000	385,000	（①**175,000**）	210,000	（② **45,000**）
380,000	（④**707,000**）	275,000	（③**432,000**）	52,000
（⑤**172,000**）	（⑥**420,000**）	190,000	230,000	58,000

解説

(1)資本金：¥1,080,000 − ¥400,000 = ¥680,000
(2)資本金：¥1,350,000 −（¥300,000 + ¥250,000）= ¥800,000
(3)①¥385,000 − ¥210,000 = ¥175,000
　②¥210,000 − ¥165,000 = ¥ 45,000
　③¥380,000 + ¥ 52,000 = ¥432,000
　④¥275,000 + ¥432,000 = ¥707,000
　⑤¥230,000 − ¥ 58,000 = ¥172,000
　⑥¥190,000 + ¥230,000 = ¥420,000

テキスト p.1-14〜17
参照

問題 **4** 貸借対照表と損益計算書にかかわる公式①

解答

期首純資産	期末純資産	費 用 総 額	当期純利益
¥　*3,500,000*	¥　*3,870,000*	¥　*1,650,000*	¥　*370,000*

テキスト p.1-14〜17
参照

解説

資産項目：現金、当座預金、売掛金、未収金、商品、車両運搬具
負債項目：買掛金、借入金、未払金
期首純資産：（¥70,000＋¥1,870,000＋¥530,000＋¥750,000＋¥390,000＋¥1,400,000）
　　　　　−（¥510,000＋¥1,000,000）＝¥3,500,000
期末純資産：（¥30,000＋¥2,710,000＋¥610,000＋¥900,000＋¥430,000＋¥1,260,000）
　　　　　−（¥470,000＋¥800,000＋¥800,000）＝¥3,870,000
当期純利益：¥3,870,000−¥3,500,000＝¥370,000
費用総額：¥2,020,000−¥370,000＝¥1,650,000

問題 **5** 貸借対照表と損益計算書にかかわる公式②

解答

(1)	期首純資産	¥	*6,250,000*
(2)	期 末 負 債	¥	*26,000,000*
(3)	収　　　益	¥	*4,000,000*

解説

(1)　期首純資産：¥6,500,000−¥250,000＝¥6,250,000
(2)　期末負債：¥32,500,000−¥6,500,000＝¥26,000,000
(3)　収益：¥3,750,000＋¥250,000＝¥4,000,000

テキスト p.1-14〜17
参照

Chapter 2 仕訳と転記

Section 1 仕訳ってなに？

問題 1 簿記上の取引と要素

解答

(1)

①	○	②	○	③	×	④	×
⑤	○	⑥	○	⑦	○	⑧	×

> 簿記上の取引であるかどうかは、企業の資産・負債・純資産（資本）に変化があったかどうかによって判断します。

(2)

  借方要素　　　　　　　　　　　貸方要素

① ［ 資　産 ］の（増加・~~減少~~）、［ 資　産 ］の（~~増加~~・減少）

② ［ 負　債 ］の（増加・~~減少~~）、［ 資　産 ］の（~~増加~~・減少）

③ ［ 資　産 ］の（増加・~~減少~~）、［ 収　益 ］の（増加・~~減少~~）

④ ［ 資　産 ］の（増加・~~減少~~）、［ 負　債 ］の（増加・~~減少~~）

⑤ ［ 資　産 ］の（増加・~~減少~~）、［ 資　産 ］の（~~増加~~・減少）

解説

(1) ①借入金が増え、現金が増えた　　⑤倉庫（建物）がなくなった
　　②現金が減った　　　　　　　　　⑥現金が減り、預金が増えた
　　③なんら増減なし　　　　　　　　⑦車両運搬具が増え、現金が減った
　　④なんら増減なし　　　　　　　　⑧なんら増減なし

(2) 取引要素の結合関係を示すと、次のようになります。①～⑤の取引がこのうちのどれに相当するのかを確認してください。なお、図中の実線で示されているものが代表的なものです。

取引要素の結合関係

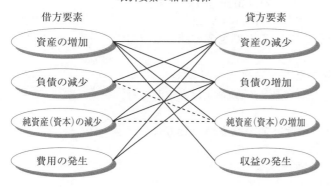

テキスト p.2-2 ～ 8
参照

問題 **2** 取引の仕訳

解答

	借 方 科 目	金 額	貸 方 科 目	金 額
4／1	現　　　　金	500,000	資　本　金	500,000
4／5	現　　　　金	100,000	借　入　金	100,000
4／10	普 通 預 金	200,000	現　　　　金	200,000
4／12	広　告　費	25,000	現　　　　金	25,000
4／15	貸　付　金	80,000	現　　　　金	80,000
4／18	借　入　金	60,000	現　　　　金	60,000
4／20	支 払 家 賃	180,000	現　　　　金	180,000
4／22	現　　　　金	80,000	貸　付　金	80,000
4／24	現　　　　金	100,000	普 通 預 金	100,000
4／25	給　　　　料	150,000	現　　　　金	150,000
4／28	借　入　金	40,000	現　　　　金	41,000
	支 払 利 息	1,000		

解説

4／1　現金 ¥500,000 を出資して店を開業したので、店として
　　　は現金が増えるとともに元手も増えたわけですから、資
　　　本金を増加させます。

4／5　現金を借り入れたので、現金が増えます。よって借方に
　　　現金を記入します。また、借入金という負債が増えるの
　　　で貸方に借入金を記入します。

4／10　手許の現金を銀行に預け入れたため、手許の現金は減る
　　　ので貸方に、普通預金口座の残高は増えるので借方に記
　　　入します。

4／12　広告費は、宣伝をしてくれたサービスに対する代価とし
　　　て支払うものです。会社にとっては費用なので借方に、
　　　また現金の減少は貸方に記入します。

4／15　相手にお金を貸し付けたので、借方に貸付金を、そして
　　　現金が減少したので貸方に現金を記入します。

4／18　4／5に借り入れたお金は、一般にいう借金です。それ
　　　を返したので、借入金の減少として借方に記入します。
　　　また、このために現金を支払っているので現金を減らし
　　　ます。

4／20　支払家賃は、事務所等を借りたことに対する対価です。
　　　これも、費用なので借方に、また現金の減少は貸方に記
　　　入します。

4／22　貸付金を返してもらったので、貸付金が減るため貸方に
　　　記入します。また、現金を受け取ったので借方に記入し
　　　ます。

4／24　普通預金から現金を引き出したため普通預金口座の残高
　　　は減るので貸方に、現金は増えるので借方に記入します。

4/25　給料は会社が働いてくれた人に代価として支払うもの。
　　　　もらう人は有難いものですが、会社にとっては費用であ
　　　　るとともに現金の支出になります。
4/28　借り入れたお金の返済とともに利息を支払っています。
　　　　利息は費用として借方に記入します。

テキスト p.2-2 〜 8
参照

Chapter 1
Chapter 2
Chapter 3
Chapter 4
Chapter 5
Chapter 6
Chapter 7
Chapter 8
Chapter 9
Chapter 10
Chapter 11
Chapter 12

問題 3　勘定転記①

解答

(1)

現　　金			
4/ 1	500,000	4/10	200,000
5	100,000	25	30,000
12	240,000	28	65,000

借　入　金			
4/28	60,000	4/ 5	100,000
		12	240,000

給　　料	
4/10	200,000

資　本　金	
4/ 1	500,000

広　告　費	
4/25	30,000

支　払　利　息	
4/28	5,000

(2)

現　　金			
4/ 1 資本金	500,000	4/10 給　料	200,000
5 借入金	100,000	25 広告費	30,000
12 借入金	240,000	28 諸　口	65,000

借　入　金			
4/28 現　金	60,000	4/ 5 現　金	100,000
		12 現　金	240,000

給　　料	
4/10 現　金	200,000

資　本　金	
4/ 1 現　金	500,000

広　告　費	
4/25 現　金	30,000

支　払　利　息	
4/28 現　金	5,000

解説

勘定転記のポイント

　　仕訳を勘定口座に転記するときには、**仕訳の借方科目の金額**はその勘定口座の**借方**に、**仕訳の貸方科目の金額**はその勘定口座の**貸方**に、転記します。次に日付と相手勘定を記入します。勘定科目は仕訳の相手の科目（相手勘定）を記入することに注意してください。

テキスト p.2-10 ～ 12
参照

問題 **4** 勘定転記②

解答

借 方 科 目	金 額	貸 方 科 目	金 額
7/1 現　　　金	500,000	資　本　金	500,000
7/4 備　　　品	100,000	現　　　金	100,000
7/12 現　　　金	100,000	借　入　金	100,000
7/13 広　告　費	9,000	現　　　金	9,000
7/18 借　入　金	50,000	現　　　金	50,000
7/27 給　　　料	76,000	現　　　金	76,000
7/30 貸　付　金	100,000	現　　　金	100,000

```
              現        金                              貸  付  金
7/ 1 資本金 500,000 │ 7/ 4 備　品 100,000     7/30 現　金 100,000 │
    12 借入金 100,000 │   13 広告費   9,000
                   │   18 借入金  50,000                  備        品
                   │   27 給　料  76,000     7/ 4 現　金 100,000 │
                   │   30 貸付金 100,000

              借  入  金                               資  本  金
7/18 現　金  50,000 │ 7/12 現　金 100,000                        │ 7/ 1 現　金 500,000

              給        料                              広  告  費
7/27 現　金  76,000 │                        7/13 現　金   9,000 │
```

解説

　まず、仕訳を行い、次に勘定口座に転記します。
7/ 1　現金（資産）の増加、資本金（純資産）の増加
7/ 4　備品（資産）の増加、現金（資産）の減少
7/12　現金（資産）の増加、借入金（負債）の増加
7/13　広告費（費用）の発生、現金（資産）の減少
7/18　借入金（負債）の減少、現金（資産）の減少
7/27　給料（費用）の発生、現金（資産）の減少
7/30　貸付金（資産）の増加、現金（資産）の減少
　勘定口座に転記するときは、日付、勘定科目、金額を転記しますが、最初に金額を転記するのが、ミスをしないためのコツです。

テキスト p.2-10 ～ 12
参照

Chapter1 Chapter2 Chapter3 Chapter4 Chapter5 Chapter6 Chapter7 Chapter8 Chapter9 Chapter10 Chapter11 Chapter12

Section 3 仕訳帳と総勘定元帳

問題 **5** 仕訳帳と総勘定元帳への記入

解答

摘要欄の
小書きは不要 01)

仕　訳　帳　　1

X6年		摘　　　要		元丁	借　方	貸　方
4	1	（現　　　　金）		1	200,000	
			（資　本　金）	30		200,000
	5	（現　　　　金）		1	800,000	
			（借　入　金）	20		800,000
	10	（普　通　預　金）		3	500,000	
			（現　　　　金）	1		500,000
	25	諸　　　口 02)	（現　　金）	1		405,000
		（借　入　金）		20	400,000	
		（支　払　利　息）		75	5,000	
	28	（現　　　　金）		1	15,000	
			（普　通　預　金）	3		15,000

01) 小書きについて
勘定科目の下に取引の要約を書きます。これを小書き（こがき）といいますが、学習簿記では省略することが多いようです。

総　勘　定　元　帳

現　　　金　　1

X6年		摘　　要	仕丁	借　方	X6年		摘　　要	仕丁	貸　方
4	1	資　本　金	1	200,000	4	10	普　通　預　金	1	500,000
	5	借　入　金	1	800,000		25	諸　　　口 03)	1	405,000
	28	普　通　預　金	1	15,000					

02) 借方が複数の場合、貸方の勘定科目と同じ行に諸口と書きます。この諸口は勘定科目ではないのでカッコ書きしません。

普　通　預　金　　3

4	10	現　　　金	1	500,000	4	28	現　　　金	1	15,000

03) 4月25日の取引において、現金の相手勘定は複数あるので転記のさいの相手勘定は諸口とします。

借　入　金　　20

4	25	現　　　金	1	400,000	4	5	現　　　金	1	800,000

資　本　金　　30

					4	1	現　　　金	1	200,000

支　払　利　息　　75

4	25	現　　　金	1	5,000					

テキスト p.2-14 ～ 16
参照

Chapter 1
Chapter 2
Chapter 3
Chapter 4
Chapter 5
Chapter 6
Chapter 7
Chapter 8
Chapter 9
Chapter 10
Chapter 11
Chapter 12

会計ってなーに？

「会計ってなーに？」という話をしましょう。

会計の定義はと言うと、「会計とは、情報利用者が、事情に精通したうえで、判断や意思決定を行うことができるように、経済的な情報を識別し、測定し、伝達するプロセスである」、なーんていうのがあるんですが、まぁ、何のことかわかりませんよね。

では、みなさんに伺いますね。

「将来、教授になりたい」と思っているひとぉー、挙手。

ヨシヨシ。誰もいませんね。

われわれ、試験に通って、現実の社会で使えるようになればそれでいいですよね。

なら、会計の定義だって、これだけ。「計算すること」。

計算すること、それが会計なんです。ですから企業会計といえば「企業で計算すること」。

それぐらいに捉えておけば充分なんです。

ちなみに、皆さん「会計」っていう言葉、日常的に聞いたり使ったりしますよね。

夜更けの居酒屋で。

帰るときに「すみません。"会計"お願いしまーす」って言うでしょ。

あれって、お願いされた店の方はどうしています？

なに食った、なに飲んだって、計算しているでしょ。

あの使われ方って、正しいんです。

つまり「会計お願いしまーす」は「計算お願いしまーす」と同じで、お願いされた方は計算しているのです。

Section 1　現金と預金

問題 1　簿記上の現金

解答

1．他人振出しの小切手[01]　　2．送金小切手

3．普通為替証書　　（順不同）

解説

簿記では通貨の他に、通貨代用証券も現金勘定で処理されます。

他人振出しの小切手とは、代金の支払いなどで他人（他社）が振り出して当社が受け取った小切手のことをいい、送金小切手とは、支払いのためではなく送金を目的として振り出した小切手のことを言います（送金小切手は、同じ会社の支店間の送金などでも使用されます）。

01) 小切手については、他社振出しであるのか、当社振出しであるのかに注意しなければなりません。

テキスト p.3-2
参照

問題 **2** 現金と預金の取引

解答

	借 方 科 目	金 額	貸 方 科 目	金 額
①	現　　　　金	70,000	普 通 預 金	70,000
②	水 道 光 熱 費	12,000	現　　　　金	12,000
③	交　通　費	1,000	現　　　　金	1,000
④	定 期 預 金	4,500,000	普 通 預 金	4,500,000
⑤	広　告　費	50,000	現　　　　金	50,000
⑥	支 払 家 賃	97,000	現　　　　金	97,000
⑦	普 通 預 金	6,000	受 取 利 息	6,000

解説

　簿記では、紙幣や硬貨の他に通貨代用証券も現金勘定で処理します。通貨代用証券には様々なものがありますが、問題1にある例を覚えておけば十分です。

　また、銀行の預金による取引は、普通預金、定期預金、当座預金などの勘定科目を用いて仕訳をします。

テキスト p.3-2 ～ 5
参照

解答

X年		摘　　要	収　入	支　出	残　高
6	1	前　週　繰　越	200,000		200,000
	〃	家 賃 の 支 払 い		90,000	110,000
	2	当座預金からの引出し	130,000		240,000
	3	商 品 の 購 入		160,000	80,000
	5	銀 行 よ り 借 入 れ	150,000		230,000
	6	利 息 の 支 払 い		2,000	228,000
	6	次 週 繰 越		228,000	
			480,000	480,000	
6	8	前　週　繰　越	228,000		228,000

解説

1．記帳方法
　(1)摘要欄：取引の内容を簡単に記入します[01]。
　(2)収入・支出欄：現金の増加は収入欄に、現金の減少は支
　　　　　　　　　　出欄に記入します。
　(3)残高欄：残高を記入します。
2．締切方法
　(1)次週繰越の金額を支出欄に記入します。
　(2)二重線で締め切った後、日付欄に翌週始めの日付、摘要
　　欄に前週繰越、収入欄と残高欄に繰り越された金額を記
　　入します。

01) 内容がわかる程度で
　　よいでしょう。

テキスト p.3-4
参照

Section 2 当座預金

 問題 **4** 当座取引

解答

	借 方 科 目	金 額	貸 方 科 目	金 額
①	当 座 預 金	250,000	現　　　　金	250,000
②	支 払 家 賃	175,000	当 座 預 金	175,000
③	当 座 預 金	5,000,000	土　　　　地	5,000,000
④	支 払 利 息	3,000	現　　　　金	3,000

解説

①預け入れることにより、手許の現金は減少しますが当座預金
　口座の残高が増加します。

②小切手を振り出したら、当座預金が減少します。

③他人（他社）振出しの小切手は、いつでも銀行で通貨と引き
　替えることができるので、現金勘定で処理しますが、「直ちに
　当座預金とした」という表現がある場合には、現金勘定は使
　わずに当座預金勘定の増加として処理します。

④支払利息を現金で支払っているため、解答の仕訳となります
　（受け取る相手の預金の種類は仕訳に関係ありません）。

テキスト p.3-7 〜 9
参照

Chapter 1
Chapter 2
Chapter 3
Chapter 4
Chapter 5
Chapter 6
Chapter 7
Chapter 8
Chapter 9
Chapter 10
Chapter 11
Chapter 12

Section
3

小口現金

問題 5 小口現金の処理

解答

(1)

	借方科目	金額	貸方科目	金額
5月1日	小口現金	30,000	当座預金	30,000
5月7日	仕訳なし			
5月31日	通信費 広告費	6,000 13,000	小口現金	19,000
6月1日	小口現金	19,000	当座預金	19,000

(2)

	借方科目	金額	貸方科目	金額
5月31日	通信費 広告費	6,000 13,000	当座預金	19,000

解説

(1) 5月1日 ： 小口現金の前渡し
会計係が小口現金を前渡ししたときは、前渡額を小口現金勘定の借方に記入します。

5月7日 ： 小口現金での支払い [01]
会計係はこの段階で支払報告を受けていないので、仕訳は行いません。

5月31日 ： 支払報告
会計係は支払いの報告を受けて初めて小口現金勘定の貸方に記入します。
電話料金→（通信費）　広告代→（広告費）

6月1日 ： 小口現金の補給
補給額（＝支払額）を小口現金勘定の借方に記入します。これにより小口現金勘定の借方残高は「定額」になります [02]。

01) 小口現金の取引は実際の取引時に小口現金勘定に記入されるのではなく、会計係に報告された時点で記入されます。

02) ここでは ¥30,000 です。

(2) 次の2つの仕訳を同時に行い、1つの仕訳とします。

（借）通　信　費　　6,000　　~~（貸）小　口　現　金　19,000~~
　　　広　告　費　13,000

~~（借）小　口　現　金　19,000~~　　（貸）当　座　預　金　19,000

テキスト p.3-11 ～ 13
参照

問題 **6** 小口現金出納帳①

解答

小 口 現 金 出 納 帳

受　　入	×8年		摘　　　　要	支　　払	内　　　　　訳				残　　高
					交通費	通信費	光熱費	雑　費	
20,000	6	21	前　週　繰　越						20,000
		〃	ガ ス 料 金 支 払 い	5,000			5,000		15,000
		22	タ ク シ ー 代 支 払 い	1,500	1,500				13,500
		23	お 茶 の 購 入	1,100				1,100	12,400
		24	電 気 代 支 払 い	6,300			6,300		6,100
		25	帳 簿 の 購 入	1,100				1,100	5,000
		26	郵 便 切 手 購 入	700		700			4,300
			合　　　　　　計	15,700	1,500	700	11,300	2,200	(2)
(3) 15,700		26	本　日　補　給						(4) 20,000
		〃	次　週　繰　越	20,000	(5)				
35,700				35,700					
20,000	6	28	前　週　繰　越						20,000

(1) の囲みは残高欄の15,000から4,300にかけて

解説

小口現金出納帳の記入方法

(1) 支払額は支払欄と内訳欄にそれぞれ記入します。
　　・タクシー代に該当する科目…………………交通費
　　・郵便切手に該当する科目…………………通信費
　　・ガス料金、電気代に該当する科目………光熱費
　　・お茶代、帳簿に該当する科目……………雑　費

(2) 6月26日（土）には、内訳に示すそれぞれの科目の合計額を記入します。当然、その合計額は支払合計額です。

(3) 資金の補給が6月26日（土）に行われているため、6月26日付で支払合計額と等しい¥15,700を受入欄に記入します。

(4) 6月26日（土）の補給直前の残高は¥4,300で、¥15,700の補給を受けたことにより小口現金残高は¥20,000となります。これを残高欄に記入します。

(5) 受入合計額と支払合計額との差額¥20,000が次週繰越額となり、本来は支払欄に朱記（カッコ書き）[01]します。本問のように週末補給の場合には、次週繰越額が定額となります[02]。

01) 朱記は貸借が逆に記入されていることを示します。ただし試験では、赤の筆記具の使用は認められていないため、黒で記入します。
朱記する代わりに（　）をつけて記入する場合がありますが、問題文に指示がなければなくても大丈夫です。

02) ここでは¥20,000です。

テキスト p.3-14 ～ 15 参照

問題 **7** 小口現金出納帳②

解答

小 口 現 金 出 納 帳

受　入	×8年		摘　　　要	支　払	内　　訳				残　高
					交通費	通信費	光熱費	雑　費	
7,000	9	4	前　週　繰　越						7,000
18,000	〃		本　日　補　給						25,000
	〃		ハ ガ キ 購 入	4,200		4,200			20,800
		5	バ ス 回 数 券 購 入	3,200	3,200				17,600
		6	タ ク シ ー 代 支 払 い	5,000	5,000				12,600
		7	郵 便 切 手 購 入	1,400		1,400			11,200
		8	コ ー ヒ ー の 購 入	1,000				1,000	10,200
		9	帳 簿 の 購 入	2,700				2,700	7,500
			合　　　　　計	17,500	8,200	5,600	0	3,700	
		9	次　週　繰　越	(1) 7,500					
(2) 25,000				25,000					
(3) 7,500	9	11	前　週　繰　越						7,500
(4) 17,500	〃		本　日　補　給						25,000

解説

翌週補給 [01] **のケース**

　受入合計額が定額（本問では ¥25,000）となります。
(1)残高欄の金額¥7,500 を記入します。
(2)受入欄の合計額を記入します。
(3)次週繰越と同額を記入します。
(4)小切手による補給額を記入します。

01) 資金の補給が週末か
週の初めかで締切り
方が異なるので注意
します。

テキスト p.3-14 〜 15
参照

問題 **8** 小口現金出納帳③

解答

小 口 現 金 出 納 帳

受　　入	×1年		摘　　　　　要	支　　払	内　　　　訳				残　　高
					通信費	交通費	消耗品費	雑　費	
25,000	7	6	前 週 繰 越						25,000
	〃		郵 便 切 手 代	2,600	2,600				22,400
		7	用 紙・イ ン ク 代	5,300			5,300		(1)17,100
		8	バ ス 回 数 券 代	4,200		4,200			12,900
		9	お　　茶　　代	1,700				1,700	11,200
		10	タ ク シ ー 代	7,200		7,200			4,000
			合　　　　計	21,000	2,600	11,400	5,300	1,700(2)	
(3) 21,000		10	本 日 補 給						25,000
	〃		次 週 繰 越	25,000	(4)				
46,000				46,000					
25,000	7	13	前 週 繰 越						25,000

解説

小口現金出納帳の記入方法

(1)支払額は支払欄と内訳欄にそれぞれ記入します。
　・郵便切手代に該当する科目……………………通 信 費
　・用紙・インク代に該当する科目………………消耗品費
　・バス回数券代、タクシー代に該当する科目…交 通 費
　・お茶代に該当する科目…………………………雑　　費

(2)7 月 10 日（金）には、内訳に示すそれぞれの科目の合計額
　を記入します。当然、その合計額は支払合計額です。

(3)資金の補給が 7 月 10 日（金）に行われているため、7 月 10
　日付で支払合計額と等しい ¥21,000 を受入欄に記入します。

(4)残高欄（または受入合計額と支払合計額との差額）¥25,000
　が次週繰越額となり、本来は支払欄に朱記（カッコ書
　き）[01] します。本問のように週末補給の場合には、次週繰
　越額が定額となります。

01) 朱記は貸借が逆に記
入されていることを
示します。ただし試
験では、赤の筆記具
の使用は認められて
いないため、黒で記
入します。
朱記する代わりに
（　）をつけて記入
する場合があります
が、問題文に指示が
なければなくても大
丈夫です。

テキスト p.3-14 〜 15
参照

Section 1 三分法

問題 **1** 三分法①

解答

	借方科目	金額	貸方科目	金額
①	仕　　入	25,000	現　　金	25,000
②	現　　金	56,500	売　　上	56,500
③	仕　　入	60,000	現　　金	60,000
④	現　　金	82,000	売　　上	82,000
⑤	繰越商品	2,600	仕　　入	2,600

解説

①③三分法[01] では、商品の購入取引は仕入勘定で処理します。

01) 三分法とは、仕入、売上、繰越商品の３つの勘定に分けて記帳する方法です。

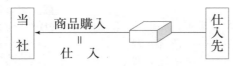

②④三分法では、商品の販売取引は売上勘定で処理します。

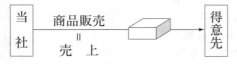

①③商品の購入は、仕入勘定の借方に記入します。
②④商品の販売は、売上勘定の貸方に記入します。
⑤未販売の商品¥2,600 を仕入勘定から減らし、繰越商品勘定の借方に振り替えます。
　三分法では決算になり、期末の商品在庫の処理をすることにより、売上原価を計算することができます。

テキスト p.4-2 ～ 4 参照

問題 **2** 三分法②

解答

	借方科目	金額	貸方科目	金額
①	仕　　　入	300,000	当　座　預　金	300,000
②	現　　　金	50,000	売　　　　　上	50,000
③	仕　　　入	60,000	現　　　　　金	40,000
			当　座　預　金	20,000

解説

①小切手を振り出すと、いずれは銀行の当座預金口座から
　その金額が引き落とされます。したがって当座預金勘定
　の貸方に記入します。
②他店振出しの小切手は、いつでも銀行で通貨と引き替え
　ることができるので、現金勘定の借方に記入します。
③他店が振り出した小切手は通貨代用証券として、換金せ
　ずにそのまま代金決済に利用できます。

テキスト p.4-2 ～ 4
参照

問題 3　掛取引①

解答

	借方科目	金　額	貸方科目	金　額
①	仕　　　入	26,800	買　掛　金[01]	26,800
②	仕　　　入	46,000	現　　　金	20,000
			買　掛　金	26,000
③	売　掛　金[01]	45,000	売　　　上	45,000
④	買　掛　金	18,000	現　　　金	18,000
⑤	現　　　金	16,000	売　掛　金	16,000
⑥	仕　　　入	72,000	現　　　金	28,800
			買　掛　金	43,200

01) 商品売買によって生じる債務は買掛金勘定で、債権は売掛金勘定で処理します。

解説

①「掛け」とあるので、代金が未払いであることがわかります。
　これは買掛金勘定で処理します。

②代金の一部は月末払いとして、仕入代金の未払いとなるので、買掛金勘定で処理します。
　　¥46,000 − ¥20,000 ＝ ¥26,000

③「掛け」とあるので、代金が未回収であることがわかります。これは売掛金勘定で処理します。

④買掛金の支払いです。買掛金勘定の借方に記入し、仕入債務を減少させます。

⑤売掛金の回収です。売掛金勘定の貸方に記入し、売上債権を減少させます。

⑥　¥72,000 × 40% ＝ ¥28,800（現金）
　　¥72,000 − ¥28,800 ＝ ¥43,200（買掛金）

テキスト p.4-5 〜 6
参照

問題 **4** 掛取引②

解答

	借方科目	金額	貸方科目	金額
①	仕　　　入	72,000	買　　掛　　金[01]	72,000
②	現　　　金	65,000	売　　　　　上	95,000
	売　　掛　　金[01]	30,000		
③	買　　掛　　金	36,000	当　座　預　金	36,000
④	現　　　金	20,000	売　　掛　　金	20,000

01） 商品売買によって生じる債務は買掛金勘定で、債権は売掛金勘定で処理します。

テキスト p.4-5 ～ 6
参照

問題 **5** 掛取引③

解答

	借方科目	金額	貸方科目	金額
①	仕　　　入	65,000	買　　掛　　金	65,000
②	現　　　金	15,000	売　　　　　上	38,000
	売　　掛　　金	23,000		
③	売　　掛　　金	41,000	売　　　　　上	41,000
④	買　　掛　　金	126,000	現　　　金	126,000

解説

①「仕入れ、代金は掛け」とあるため、買掛金勘定で処理します。

②「売り渡し、…残額は掛け」とあるため、残額は売掛金勘定で処理します。
　　売掛金：¥38,000 － ¥15,000 ＝ ¥23,000

③「売り渡し、代金は掛け」とあるため、売掛金勘定で処理します。

④買掛金を現金で支払っているので、仕訳の借方に買掛金を記入し、仕入債務を減少させます。また、貸方に現金を記入し、現金も減少させます。

テキスト p.4-5 ～ 6
参照

3 返品

問題 **6** 返品

解答

	借 方 科 目	金 額	貸 方 科 目	金 額
①	買　掛　金	20,000	仕　　　　入[01]	20,000
②	売　　　　上[01]	60,000	売　掛　金	60,000
③	売　　　　上	22,000	売　掛　金	22,000
④	買　掛　金	100,000	仕　　　　入	100,000
⑤	売　　　　上	50,000	売　掛　金	50,000

01) 仕入時または売上時の逆仕訳（貸借を逆にして仕訳する）を行います。

解説

①仕入時には、次の仕訳を行っています。

（借）仕　　　入　80,000　（貸）買　掛　金　80,000

返品は、仕入の一部取消しであるため、貸借科目を逆にした仕訳を行います。

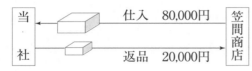

②売上時には、次の仕訳を行っています。

（借）売　掛　金　×××　（貸）売　　　上　×××

①と同様に、売上の一部取消しと考え、貸借科目を逆にした仕訳を行います。

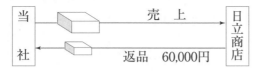

③売り上げたA商品の全品が返品されたため、掛代金から差し引きます。

④仕入れた商品の全品を返品したため、掛代金から差し引きます。

⑤②と同様、掛売上の一部取消しと考えます。

テキスト p.4-8 ～ 9
参照

Section 4 商品売買に係る帳簿

問題 7　仕入帳の作成

解答

仕　入　帳[01]

×6年		摘　　　　要		内　　訳	金　　額
3	4	高知商店	掛		
		くまの人形　（50個）	（＠￥3,000）	（　150,000）	
		りすの人形　（20個）	（＠￥2,800）	（　 56,000）	（　206,000）
	10	徳島商店	掛		
		くまの人形　（30個）	（＠￥2,900）		（　 87,000）
	12	徳島商店	掛返品		
		くまの人形　（ 5 個）	（＠￥2,900）		（　 14,500）
	25	高知商店	現金		
		りすの人形　（10個）	（＠￥2,500）		（　 25,000）
	31		総仕入高		（　318,000）
	〃		（仕入戻し高）		（　 14,500）
			（純 仕 入 高）		（　303,500）

01） 仕入帳とは仕入取引の内訳明細を発生順に記入する補助簿のことです。

解説

　　仕入帳の記入方法は以下の通りです。

(1)摘要欄には取引先、代金の支払方法、商品名、数量、（仕
　　入）単価などを記入し、金額は金額欄に記入します。
(2)内訳欄は、商品の種類別に金額を記入し、その合計額を
　　金額欄に記入します。
(3)次の取引を記入する前に、線（区分線）を引きます。
(4)返品の場合は、本来、日付、摘要、金額など、すべて朱
　　記します（本問の場合は12日の取引）。
　　ただし試験では、赤の筆記具の使用は認められていない
　　ため、黒で記入します。

テキスト p.4-10〜11
参照

Chapter 1　Chapter 2　Chapter 3　Chapter 4　Chapter 5　Chapter 6　Chapter 7　Chapter 8　Chapter 9　Chapter 10　Chapter 11　Chapter 12

解答

仕　入　帳

×6年		摘　　　　要		金　　額
10	20	福岡商店　　　　　　　　掛け		
		C商品　　600個　　@¥350		210,000

仕入先（買掛金）元帳

福　岡　商　店

×6年		摘　　　要	借　　方	貸　　方	借/貸	残　　　高
10	1	前　月　繰　越		100,000	貸	100,000
	20	仕　　　　　入		210,000	〃	310,000
	25	小切手振出支払	100,000		〃	210,000
	31	次　月　繰　越	210,000			
			310,000	310,000		
11	1	前　月　繰　越		210,000	貸	210,000

解説

　仕入帳は補助記入帳と呼ばれるもののひとつで、仕入取引の内訳明細を、発生順に記録する補助簿です。

　また仕入先（買掛金）元帳は補助元帳と呼ばれるもののひとつで、それぞれの仕入先に対する買掛金がどれだけなのかを明らかにするため、買掛金の明細を仕入先ごとに勘定口座を設けて、個別に記録するための補助簿です。

　10月20日の取引は、買掛金の増加を伴う仕入なので、仕入帳と仕入先（買掛金）元帳の両方に記帳します。

　10月25日の取引は買掛金の支払いのみなので仕入を伴わないため、仕入帳には記入せず、仕入先（買掛金）元帳のみに記帳します。

　全経簿記において、帳簿に関する問題は「帳簿の締切り」まで問われることが多いので、月末（あるいは期末）の締切りまでしっかりできるようにしておきましょう。

　本問では、買掛金元帳の締切りについて問われているので、当月の取引をすべて記入し終えてから、月末の日付で「次月繰越」と記入し、月末時点の残高を残高の貸借逆側（買掛金は貸方残高なので借方）に記入して、貸借の金額を一致させて締め切ります（「次月繰越」の行は買掛金元帳において、本来は朱記[01]します）。

　貸借の金額を一致させて、当月の記入を締め切った後（帳簿の締切は二重線で行います）、次月の1日の日付で「前月繰越」と記入し、買掛金では貸方残高を記入して

01) 朱記は貸借が逆に記入されていることを示しています。試験では朱記するところも黒で記入します。

次月の記入をスタートします（「前月繰越」では、正しい
貸借の側に残高を記入します）。

注）借／貸欄の「〃」は「貸」でもよいです。

テキスト p.4-10～11
参照

 問題 **9**　仕入帳・買掛金元帳の作成②

解答

仕　入　帳

×6年		摘　　　　　　　要		金　　額
4	10	山　口　商　店	掛け	100,000
	(11)	(山　口　商　店)	(掛返品)	(25,000)
	18	山　口　商　店	現金	60,000

買　掛　金　元　帳 [01]
山　口　商　店 [02]

×6年		摘　　　要	借　方	貸　方	借／貸	残　　高
4	1	前　月　繰　越		70,000	貸	70,000
	10	掛　仕　入		100,000	〃	170,000
	11	返　　　品	25,000		〃	145,000
	22	買掛金の支払い	130,000		〃	15,000
	30	次　月　繰　越	15,000			
			170,000	170,000		
5	1	前　月　繰　越		15,000	貸	15,000

01) 買掛金元帳の場合は
借方に減少取引、貸
方に増加取引が記入
されます。また借／
貸欄には、買掛金は
負債であるので常に
「貸」が記入されるこ
とになります。

02) 問題文により、山口
商店と指示があるこ
とに注意しましょう。
よって山口商店に対
する買掛金の増減取
引が買掛金元帳に記
入されます。

解説

　全経簿記において、帳簿に関する問題は「帳簿の締切り」
まで問われることが多いので、月末（あるいは期末）の締
切りまでしっかりできるようにしておきましょう。

　本問では、買掛金元帳の締切りについて問われているの
で、当月の取引をすべて記入し終えてから、月末の日付で
「次月繰越」と記入し、月末時点の残高を残高の貸借逆側
（買掛金は貸方残高なので借方）に記入して、貸借の金額
を一致させて締め切ります（「次月繰越」の行は買掛金元
帳において、本来は朱記 [03] します）。

　貸借の金額を一致させて、当月の記入を締め切った後
（帳簿の締切は二重線で行います）、次月の１日の日付で
「前月繰越」と記入し、買掛金では貸方残高を記入して次
月の記入をスタートします（「前月繰越」では、正しい貸
借の側に残高を記入します）。

注）借／貸欄の「〃」は「貸」でもよいです。

03) 朱記は貸借が逆に記
入されていることを
示しています。

テキスト p.4-10～11
参照

解答

売　上　帳⁰¹⁾

×6年		摘　　　　　要	内　　訳	金　　額
2	3	神奈川商店　　　　　　　　掛		
		くまの人形（ 50 個）（ @￥5,000 ）	（ 250,000 ）	
		りすの人形（ 30 個）（ @￥3,500 ）	（ 105,000 ）	（ 355,000 ）
	12	千葉商店　　　　　　　　　掛		
		くまの人形（ 20 個）（ @￥5,000 ）		（ 100,000 ）
	13	千葉商店　　　　　　　掛返品		
		くまの人形（ 5 個）（ @￥5,000 ）		（ 25,000 ）
	20	神奈川商店　　　　　　　　掛		
		くまの人形（ 10 個）（ @￥5,000 ）	（ 50,000 ）	
		りすの人形（ 15 個）（ @￥3,500 ）	（ 52,500 ）	（ 102,500 ）
	28	総 売 上 高		（ 557,500 ）
	〃	（ 売上戻り高 ）		（ 25,000 ）
		（ 純 売 上 高 ）		（ 532,500 ）

01) 売上帳とは売上取引の内訳明細を発生順に記入する補助簿のことです。

解説

売上帳の記入方法は以下の通りです。

(1)摘要欄には取引先、代金の受取方法、商品名、数量、（販売）単価などを記入し、金額は金額欄に記入します。

(2)内訳欄は、商品の種類別に金額を記入し、その合計額を金額欄に記入します。

(3)次の取引を記入する前に、線（区分線）を引きます。

(4)返品の場合は、本来、日付、摘要、金額など、すべて朱記します（本問の場合は13日の取引）。
ただし試験では、赤の筆記具の使用は認められていないため、黒で記入します。

テキスト p.4-12〜13 参照

解答

売　上　帳

×6年		摘　　　　　　要		金　　額
1	10	九州商店	掛け	
		B商品　800個	@¥500	400,000

得意先（売掛金）元帳

九　州　商　店

×6年		摘　　要	借　　方	貸　　方	借/貸	残　　高
1	1	前　月　繰　越	150,000		借	150,000
	10	売　　　　上	400,000		〃	550,000
	25	小　切　手　受　取		300,000	〃	250,000
	31	次　月　繰　越		250,000		
			550,000	550,000		
2	1	前　月　繰　越	250,000		借	250,000

解説

　売上帳は補助記入帳と呼ばれるもののひとつで、売上取引の内訳明細を、発生順に記録する補助簿です。

　また得意先（売掛金）元帳は補助元帳と呼ばれるもののひとつで、それぞれの得意先に対する売掛金がどれだけなのかを明らかにするため、売掛金の明細を得意先ごとに勘定口座を設けて、個別に記録するための補助簿です。

　1月10日の取引は、売掛金の増加を伴う売上なので、売上帳と得意先（売掛金）元帳の両方に記帳します。

　1月25日の取引は売掛金の入金のみなので売上を伴わないため、売上帳には記入せず、得意先（売掛金）元帳のみに記帳します。

　全経簿記において、帳簿に関する問題は「帳簿の締切り」まで問われることが多いので、月末（あるいは期末）の締切りまでしっかりできるようにしておきましょう。

　本問では、売掛金元帳の締切りについて問われているので、当月の取引をすべて記入し終えてから、**月末の日付で「次月繰越」**と記入し、**月末時点の残高を残高の貸借逆側**（売掛金は借方残高なので貸方）に記入して、貸借の金額を一致させて締め切ります（「次月繰越」の行は売掛金元帳において、本来は朱記[01]します）。

　貸借の金額を一致させて、当月の記入を締め切った後（帳簿の締切は二重線で行います）、次月の1日の日付で「前月繰越」と記入し、売掛金では借方残高を記入して次月の記入をスタートします（「前月繰越」では、正しい貸借の側に残高を記入します）。
注）借／貸欄の「〃」は「借」でもよいです。

01) 朱記は貸借が逆に記入されていることを示しています。試験では朱記するところも黒で記入します。

テキスト p.4-12～13
参照

問題 **12** 売上帳・売掛金元帳の作成②

解答

売　上　帳⁰¹⁾

×6年		摘　　　　要	金　　額
3	8	長 野 商 店　　掛 け	80,000
	(12)	（長 野 商 店）　（掛返品）	（　30,000　）
	24	長 野 商 店　　掛 け	40,000
	〃	静 岡 商 店　　掛 け	120,000

01) 本問のポイントは、「掛取引となっているか」「売上先はどこか」を判断するところにあります。

売　掛　金　元　帳⁰²⁾
長　野　商　店

×6年		摘　　　要	借　　方	貸　　方	借/貸	残　　高
3	1	前 月 繰 越	210,000		借	210,000
	8	掛　　売　　上	80,000		〃	290,000
	12	返　　　　品		30,000	〃	260,000
	24	掛　　売　　上	40,000		〃	300,000
	30	売 掛 金 の 回 収		250,000	〃	50,000

02) 売掛金元帳は、借方に増加取引、貸方に減少取引が記入されます。また借／貸欄には売掛金は資産なので常に「借」が記入されることになります。

静　岡　商　店

×6年		摘　　　要	借　　方	貸　　方	借/貸	残　　高
3	1	前 月 繰 越	90,000		借	90,000
	24	掛　　売　　上	120,000		〃	210,000
	30	売 掛 金 の 回 収		150,000	〃	60,000

解説

　売掛金元帳は、得意先ごとの売掛金の増減を管理するため「得意先元帳」ともいいます。したがって、前月繰越の残高、ならびに各掛取引は、得意先ごと（本問では長野商店と静岡商店）に分けて記入していく必要があります。

3月1日　　　各商店の勘定に、売掛金の前月繰越残高を記入します。

3月8日　　　長野商店に対しての掛売上です。よって売上帳と長野商店の売掛金元帳に記入します。

3月12日　　返品なので、売上帳に朱記⁰³⁾されます。また返品分の代金は、長野商店の売掛金から控除されるため、長野商店の売掛金元帳に記入します。

3月24日　　売上帳には得意先別に売上の内容を記入します。また、商店ごとに売掛金元帳に記入します。

3月30日　　売掛金の回収取引です。売上取引ではないので売上帳には記入しません。商店ごとに売掛金の回収金額を記入します。

注）借／貸欄の「〃」は「借」でもよいです。

03) 朱記は貸借が逆に記入されていることを示しています。試験では朱記するところも黒で記入します。

テキスト p.4-12～13 参照

解答解説-30

解答

商 品 有 高 帳 [01]

先入先出法 [02]

犬 小 屋

×5年		摘要	受入			払出 [03]			残高		
			数量	単価	金額	数量	単価	金額	数量	単価	金額
8	1	前 月 繰 越	5	5,000	25,000				5	5,000	25,000
	2	仕 入	10	5,000	50,000				15	5,000	75,000
	6	仕 入	15	4,800	72,000				{ 15	5,000	75,000
									15	4,800	72,000
	13	売 上				10	5,000	50,000	{ 5	5,000	25,000
									15	4,800	72,000
	20	売 上				{ 5	5,000	25,000			
						3	4,800	14,400	12	4,800	57,600
	25	売 上 戻 り [04]	{ 1	5,000	5,000				{ 1	5,000	5,000
			3	4,800	14,400				15	4,800	72,000
	29	売 上				{ 1	5,000	5,000			
						4	4,800	19,200	11	4,800	52,800
	31	次 月 繰 越				11	4,800	52,800			
			34		166,400	34		166,400			
9	1	前 月 繰 越	11	4,800	52,800				11	4,800	52,800

解説

(1)商品有高帳の記入方法 [05]

①商品を仕入れたときには受入欄に記入します。

②商品を販売したときは払出欄に**原価**で記入します。

③在庫品の有高を残高欄に記入します。

(2)商品単価の決定方法

先入先出法

さきに受け入れたものから順に払い出すものと仮定して払出単価を決定する方法です。よって単価の異なる商品を受け入れたら、それらを区別しておくことが必要です。

(3)返品の記入方法

返品（売上戻り）は、先入先出法の場合、後に払い出されたものから戻ると考えるので、@¥4,800 で払い出された３個と @¥5,000 で払い出された１個が戻ると考えます。

---

01) 商品有高帳とは商品の種類ごとに受入れ、払出しの都度、数量・単価・金額を記入して残高の内訳明細を記録する補助簿をいいます。

02) 先入先出法では、単価の異なる商品は分けて記入し、「{」をつけて合計を示します。
※「{」の前には合計数量を記入すべきです。ただし、検定試験では特に指示のない限り記入しません。

03) 払出欄であっても原価で記入します。売価は関係ありません。

04) 払出欄に朱記する方法もあります。

05) 商品有高帳は倉庫をイメージするといいでしょう。よって商品の出入りがあるたびに原価で記録されることになります。

テキスト p.4-14〜15 参照

商品有高帳の記入②

解答

商 品 有 高 帳

先入先出法 　　　　　　　　　A 商 品

×1年		摘　　要	受　入			払　　出			残　　高		
			数量	単価	金額	数量	単価	金額	数量	単価	金額
11	1	前 月 繰 越	80	1,000	80,000				80	1,000	80,000
	2	仕　　　入	100	1,100	110,000				{ 80	1,000	80,000
									{ 100	1,100	110,000
	6	売　　　上				{ 80	1,000	80,000			
						{ 30	1,100	33,000	70	1,100	77,000
	12	仕　　　入	150	1,200	180,000				{ 70	1,100	77,000
									{ 150	1,200	180,000
	18	売　　　上				{ 70	1,100	77,000			
						{ 70	1,200	84,000	80	1,200	96,000
	24	仕　　　入	50	1,200	60,000				130	1,200	156,000
	30	次 月 繰 越				130	1,200	156,000			
			380		430,000	380		430,000			
12	1	前 月 繰 越	130	1,200	156,000				130	1,200	156,000

解説

(1)商品有高帳の記入方法
　①商品を仕入れたときには受入欄に記入します。
　②商品を販売したときは払出欄に**原価**で記入します。
　③在庫品の有高を残高欄に記入します。

(2)商品単価の決定方法
　　先入先出法とは、さきに受け入れたものから順に払い出すものと仮定して払出単価を決定する方法です。よって単価の異なる商品を受け入れたら、それらを区別しておくことが必要です。
　　たとえば、11月6日の売上は、さきに受け入れてある前月繰越分から順に払い出すものと仮定して、払出単価を決定します。

テキスト p.4-14〜15
参照

解答

(1)

商 品 有 高 帳

先入先出法　　　　　　　　　ぬいぐるみ

×6年		摘要	受　入			払　出 [01]			残　高		
			数量	単価	金額	数量	単価	金額	数量	単価	金額
3	1	前 月 繰 越	5	2,100	10,500				5	2,100	10,500
	2	仕　　　入	15	2,000	30,000				{ 5	2,100	10,500
									15	2,000	30,000
	12	売　　　上				{ 5 [02]	2,100	10,500			
						5	2,000	10,000	10	2,000	20,000
	20	仕　　　入	10	1,800	18,000				{ 10	2,000	20,000
									10	1,800	18,000
	22	売　　　上				10	2,000	20,000	10	1,800	18,000
	31	次 月 繰 越				10	1,800	18,000			
			30		58,500	30		58,500			
4	1	前 月 繰 越	10	1,800	18,000				10	1,800	18,000

(2)

売　上　高	売　上　原　価	売上総利益 [03]
¥　98,000	¥　40,500	¥　57,500

解説

　商品有高帳の記入に売上総利益の計算がプラスされています。ポイントは商品有高帳のどこに売上原価が示されているかを把握しておくことです。

　引渡時（売上時）に商品有高帳の払出欄には原価で記入されます。したがって払出欄を合計すると売上原価になります。

売上原価

前月繰越　　　¥10,500	3/12 { ¥10,500　¥10,000
3/2　¥30,000	3/22　¥20,000　　　　¥40,500
3/20　¥18,000	次月繰越　　　¥18,000

売上総利益　¥57,500

売上高

3/12　¥50,000
3/22　¥48,000　　　¥98,000

01) 払出欄は必ず原価で記入します。

02) 先入先出法は商品を払い出す順序に注意しましょう。

03) 売上総利益は、「商品販売益（粗利益）」という言い方で問われることもあります。

テキスト p.4-14 ～ 15
参照

問題 16 売上原価対立法

解答

	借 方 科 目	金 額	貸 方 科 目	金 額
1	商 品	72,000	買 掛 金	72,000
2	買 掛 金	5,600	商 品	5,600
3	売 掛 金	68,000	売 上	68,000
	売 上 原 価	51,000	商 品	51,000
4	売 上	3,200	売 掛 金	3,200
	商 品	2,400	売 上 原 価	2,400
	現 金	110,000	売 上	210,000
5	売 掛 金	100,000		
	売 上 原 価	133,000	商 品	133,000

解説

2．返品は元となる取引と正反対の取引です。したがって、元の取引と貸借逆の仕訳を行います。

4．売上戻りは、売上が減少するので売上勘定の借方に記入し、商品が返品されるため、売上原価勘定を減少させ、商品勘定を増加させます。

5．売上は売価（@¥1,500）で、商品、売上原価は商品の原価（@¥950）で計算します。他社が振り出した小切手を受け取ったときは現金勘定で処理します。

問題文に「商品売買に関して、**販売のつど売上原価に振り替える方法**」とあったら売上原価対立法で処理をする指示です。売上の処理の他に、売上原価の計上の処理を忘れないようにしましょう。

テキスト p.4-18〜19 参照

Chapter 5

その他の収益と費用

　勘定科目は問題をどんどん解いていくことで自然に覚えてしまいますから暗記する必要はありません。しかし、どのようなものが収益となり、費用となるのかは理解しておく必要があります[01]。また、とても重要なのが、収益が発生したら貸方側に、費用が発生したら借方側に仕訳するということです。

　簿記の五要素（資産・負債・純資産・収益・費用）とそのホームポジションをしっかりと把握することが簿記ができるようになるコツです。

01) もらったら返さなくてよいものが収益、払ったら返ってこないものが費用。

Section 1 収益の受取り

 問題 **1** **収益の科目**

解答

(1)

広　告　費		売　　　　　上	○	支　払　家　賃	
給　　　料		当　座　預　金		仕　　　　　入	
旅　　　費		保　　険　　料		受　取　利　息	○

(2)

　借　方　 貸　方

テキスト p.5-2
参照

 問題 **2** **収益受取時の処理**

解答

	借　方　科　目	金　　　額	貸　方　科　目	金　　　額
①	現　　　　　金	3,000	受　取　利　息	3,000
②	現　　　　　金	4,800	売　　　　　上	4,800

解説

　収益のホームポジションは貸方側ですから、収益が発生したら貸方側に記入します。

テキスト p.5-2
参照

問題 **3** 費用の科目

解答

(1)

広 告 費	○	売　　　　上		支 払 家 賃	○
給　　　料	○	当 座 預 金		仕　　　入	○
旅　　　費	○	保 険 料	○	受 取 利 息	

(2)

　　　　　借　方　　　　貸　方

テキスト p.5-3 〜 4 参照

問題 **4** 費用支払時の処理①

解答

	借 方 科 目	金 額	貸 方 科 目	金 額
①	交 通 費	3,000	現　　　金	3,000
②	支 払 家 賃	80,000	当 座 預 金	80,000
③	修 繕 費	25,000	現　　　金	25,000
④	水 道 光 熱 費	18,000	普 通 預 金	18,000
⑤	保 険 料	36,000	現　　　金	36,000
⑥	仕　　　入	55,000	当 座 預 金	55,000

解説

　費用のホームポジションは借方側ですから、費用が発生したら借方側に記入します。

①タクシー代やバス代などは交通費勘定で処理します。

④電気代、水道代、ガス代などをひとまとめにして水道光熱費勘定で処理します。

⑥商品を購入したら仕入勘定で処理します（売上原価対立法の指示がある場合は除く）。

テキスト p.5-3 〜 4 参照

問題 **5** 費用支払時の処理②

解答

	借 方 科 目	金 額	貸 方 科 目	金 額
①	租 税 公 課	76,000	当 座 預 金	76,000
②	通 信 費	16,000	現 金	44,000
	租 税 公 課	28,000		
③	租 税 公 課	210,000	普 通 預 金	210,000

解説

①③固定資産税とは、所有している土地や建物などの固定
　資産に課される税金です。固定資産税を支払ったとき
　は、租税公課勘定で処理します。
②切手代は通信費勘定で、収入印紙代は租税公課勘定で処
　理します。

テキスト p.5-3 〜 4
参照

Chapter 6	決算の手続き⑴

Section 1 決算とは

問題 1 決算とは

解答

①	経 営 成 績	②	財 政 状 態	③	損 益 計 算 書
④	貸 借 対 照 表	⑤	試 算 表	⑥	予 備
⑦	本	⑧	報 告		

テキスト p.6-2 〜 3
参照

Section 2 試算表の作成

問題 2 試算表（合計残高試算表）①

解答

合計残高試算表

借 方 残 高	借 方 合 計	元丁	勘 定 科 目	貸 方 合 計	貸 方 残 高
63,000	100,000	1	現　　　　　金	37,000	
	10,000	2	借　　入　　金	20,000	10,000
		3	資　　本　　金	50,000	50,000
		4	売　　　　　上	25,000	25,000
		5	雑　　　　　益	5,000	5,000
15,000	15,000	6	仕　　　　　入		
3,000	3,000	7	通　信　費		
9,000	9,000	8	給　　　　料		
90,000	137,000 [01]			137,000 [01]	90,000

テキスト p.6-4 〜 7
参照

01) 合計試算表の貸借の
合計額が一致したら、
次に残高試算表を作
成します。合計試算
表の貸借が一致する
のを確認してから、
残高試算表を作るの
がコツです。

解答

(1)取引の仕訳

日 付	借方科目	金 額	貸方科目	金 額
12/ 5	仕　　　　入	120,000	現　　　　金	120,000
12	現　　　　金	135,000	売　　　　上	135,000
20	現　　　　金	9,000	受 取 利 息	9,000
25	給　　　　料	57,000	現　　　　金	76,500
	支 払 家 賃	18,000		
	雑　　　　費	1,500		

(2)勘定記入

```
            現          金
        600,000            217,500
12/12  135,000   12/ 5  120,000
    20    9,000      25   76,500


            貸  付  金
        225,000


            仕          入
        172,500
12/ 5  120,000


            給          料
12/25   57,000


            支  払  家  賃
12/25   18,000
```

```
            借  入  金
         45,000            105,000


            資  本  金
                           525,000


            売          上
                           195,000
                  12/12  135,000


            受  取  利  息
                  12/20    9,000


            雑          費
12/25    1,500
```

(3)

合 計 残 高 試 算 表
×1年12月31日　　　　　　（単位：円）

借　　方		勘 定 科 目	貸　　方	
残　　高	合　　計		合　　計	残　　高
330,000	744,000	現　　　　　金	414,000	
225,000	225,000	貸　付　金		
	45,000	借　入　金	105,000	60,000
		資　本　金	525,000	525,000
		売　　　上	330,000	330,000
		受　取　利　息	9,000	9,000
292,500	292,500	仕　　　入		
57,000	57,000	給　　　料		
18,000	18,000	支　払　家　賃		
1,500	1,500	雑　　　費		
924,000	1,383,000		1,383,000	924,000

解説

　　試算表を作成することで現金勘定などの転記が正しく行われているかどうかをチェックします。

テキスト p.6-4 ～ 7
参照

問題 **4** 　 **試算表（合計残高試算表）③**

解答
(1)

	借　方　科　目	金　　額	貸　方　科　目	金　　額
①	現　　　　　金	400,000	資　本　金	400,000
②	通　信　費	100,000	現　　　金	100,000
③	現　　　　　金	220,000	借　入　金	220,000
④	仕　　　入	80,000	現　　　金	80,000
⑤	現　　　　　金	120,000	売　　　上	120,000
⑥	支　払　利　息	2,000	現　　　金	2,000
⑦	備　　　品	92,000	現　　　金	92,000
⑧	水　道　光　熱　費	15,000	現　　　金	15,000
⑨	給　　　料	62,000	現　　　金	62,000
⑩	支　払　家　賃	12,000	現　　　金	12,000

(2)

現　金			
① 資 本 金 *400,000*	② 通 信 費 *100,000*
③ 借 入 金 *220,000*	④ 仕　　　入 *80,000*
⑤ 売　　　上 *120,000*	⑥ 支 払 利 息 *2,000*
	⑦ 備　　　品 *92,000*
	⑧ 水道光熱費 *15,000*
	⑨ 給　　　料 *62,000*
	⑩ 支 払 家 賃 *12,000*

売　上	
	⑤ 現　　　金 *120,000*

仕　入	
④ 現　　金 *80,000*	

給　料	
⑨ 現　　金 *62,000*	

備　品	
⑦ 現　　金 *92,000*	

通信費	
② 現　　金 *100,000*	

借　入　金	
	③ 現　　金 *220,000*

水道光熱費	
⑧ 現　　金 *15,000*	

資　本　金	
	① 現　　金 *400,000*

支払家賃	
⑩ 現　　金 *12,000*	

支払利息	
⑥ 現　　金 *2,000*	

(3)

合 計 残 高 試 算 表　　　　　　（単位：円）

借　方		勘 定 科 目	貸　方	
残　高	合　計		合　計	残　高
377,000	*740,000*	現　　　　金	*363,000*	
92,000	*92,000*	備　　　　品		
		借　　入　　金	*220,000*	*220,000*
		資　　本　　金	*400,000*	*400,000*
		売　　　　上	*120,000*	*120,000*
80,000	*80,000*	仕　　　　入		
62,000	*62,000*	給　　　　料		
100,000	*100,000*	通　　信　　費		
15,000	*15,000*	水　道　光　熱　費		
12,000	*12,000*	支　　払　　家　　賃		
2,000	*2,000*	支　　払　　利　　息		
740,000	*1,103,000*		*1,103,000*	*740,000*

解説

　問題の勘定科目は次のように分類されます。

資産…現金、備品

負債…借入金

純資産（資本）…資本金

収益…売上

費用…仕入、給料、通信費、水道光熱費、支払家賃、支払
　　　利息

　合計残高試算表の貸借が一致しないときには、合計欄の
差額を計算し、次の2つの方法で間違いを見つけると効率
的です。

(a)資料に上記差額に該当する金額がないかをチェックする。

(b)差額を9で割ってみる。

　　→割り切れる場合には￥100,000を￥10,000と書くなど、
　　ケタ違いの可能性が大きいのでチェックする。

テキスト p.6-4～7
参照

Chapter 7　その他の債権債務

Section 1　貸付金と借入金

問題 1　貸付金と借入金の処理①

解答

青森商店

	借 方 科 目	金 額	貸 方 科 目	金 額
3/1	貸 付 金	500,000	現 金	500,000
8/31	現 金	520,000	貸 付 金	500,000
			受 取 利 息	20,000

山形商店

	借 方 科 目	金 額	貸 方 科 目	金 額
3/1	現 金	500,000	借 入 金	500,000
8/31	借 入 金	500,000	現 金	520,000
	支 払 利 息	20,000		

解説

青森商店の仕訳

3/1　借用証書を受け取り、資金を貸し付けたときには、
　　　貸付金勘定を用いて処理します。

8/31　貸付金の返済を受けたときは、貸付金の減少として
　　　処理します。

山形商店の仕訳

3/1　借用証書を作成して資金を借り入れたときは、借入
　　　金勘定の増加として処理します。

テキスト p.7-2 ～ 3
参照

解答

	借方科目	金額	貸方科目	金額
①	貸 付 金[01]	500,000	普 通 預 金	500,000
②	現 金	300,000	借 入 金[01]	300,000
③	現 金	255,000	貸 付 金	250,000
			受 取 利 息	5,000
④	普 通 預 金	400,000	借 入 金	400,000
⑤	貸 付 金	800,000	現 金	800,000
⑥	普 通 預 金	1,000,000	借 入 金	1,000,000

01) 金銭貸借による債権は貸付金勘定で、債務は借入金勘定で処理します。

解説

①資金の貸付けは、貸付金勘定で処理します。将来、返済を請求できるので、貸付金は債権すなわち資産です。

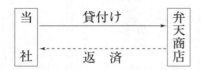

②資金の借入れは、借入金勘定で処理します。将来、返済しなければならないので、借入金は債務すなわち負債です。

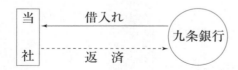

③貸付金に関する利息の受取りは、受取利息勘定で処理します。

テキスト p.7-2 〜 3 参照

Chapter 1
Chapter 2
Chapter 3
Chapter 4
Chapter 5
Chapter 6
Chapter 7
Chapter 8
Chapter 9
Chapter 10
Chapter 11
Chapter 12

Section 2 未収金と未払金

問題 3 未収金と未払金の処理

解答

(1)

	借　方　科　目	金　　額	貸　方　科　目	金　　額
①	未　　収　　金[01]	800,000	土　　　　　地	800,000
②	現　　　　　金	800,000	未　　収　　金	800,000

(2)

	借　方　科　目	金　　額	貸　方　科　目	金　　額
①	備　　　　　品	900,000	未　　払　　金[01]	900,000
②	未　　払　　金	900,000	当　座　預　金	500,000
			現　　　　　金	400,000

> 01) 本来の営業活動以外から生じる債権は未収金勘定で、債務は未払金勘定で処理します。

解説

(1)
①土地は商品ではないので、土地の売却は本来の営業活動ではありません。したがって売掛金勘定ではなく、未収金勘定で処理します。

(2)
①営業用の机は、商品ではなく備品です。したがって未払いの代金は未払金勘定[02] で処理します。

> 02) 買掛金としないことに注意してください。

テキスト p.7-5 〜 7
参照

3 前払金と前受金

 問題 4 **前払金と前受金の処理①**

解答

富山商店

	借 方 科 目	金 額	貸 方 科 目	金 額
7.8	現　　　　金	100,000	前　受　金	100,000
7.15	前　受　金	100,000	売　　　　上	300,000
	売　掛　金	200,000		

石川商店

	借 方 科 目	金 額	貸 方 科 目	金 額
7.8	前　払　金	100,000	現　　　　金	100,000
7.15	仕　　　　入	300,000	前　払　金	100,000
			買　掛　金	200,000

解説

富山商店の仕訳
7.8　富山商店が受け取った予約金¥100,000は、前受金勘定で処理します。
7.15　商品を引き渡したときは、売上を計上するとともに前受金勘定の減少として処理します。

石川商店の仕訳
7.8　石川商店が支払った予約金は、前払金勘定で処理します。

　本問では、与えられた語群に従い「前払金」勘定で解答しますが、全経3級では「支払手付金」勘定で問われることも多いため、勘定科目名を覚えておきましょう。

テキスト p.7-8 ～ 9
参照

問題 **5** 前払金と前受金の処理②

解答

(1)

	借 方 科 目	金 額	貸 方 科 目	金 額
①	前　払　金[01]	50,000	現　　　金	50,000
②	仕　　　入	150,000	前　払　金	50,000
			当　座　預　金	30,000
			買　掛　金	70,000

(2)

	借 方 科 目	金 額	貸 方 科 目	金 額
①	現　　　金	68,000	前　受　金[01]	68,000
②	前　受　金	68,000	売　　　上	160,000
	現　　　金	92,000		

解説

　本問では、与えられた語群に従い「前払金」勘定で解答しますが、全経3級では「支払手付金」勘定で問われることも多いため、勘定科目名を覚えておきましょう。

(1)
①内金の支払いは、前払金勘定で処理します[02]。
②商品を受け取って初めて仕入勘定の借方に記入します。また、前払分を充当するために、前払金勘定の貸方に記入します。

(2)
①手付金の受取りは、前受金勘定[03] で処理します。
②商品を引き渡して初めて売上勘定の貸方に記入します。また、前受分を充当するために、前受金勘定の借方に記入します。

01) 商品売買契約の裏付けとして、あらかじめ内金や手付金の受払いを行う場合、前払金勘定、前受金勘定で処理します。商品の注文を行ったこと自体は、簿記上の取引にはならないので仕訳しません。

02) 部分的に仕入を行っているわけではないので、仕入勘定は用いません。

03) 手付金の受取りの段階では売上を計上しないことに注意してください。

テキスト p.7-8 ～ 9
参照

解答

	借 方 科 目	金 額	貸 方 科 目	金 額
①	現　　　　金	300,000	前　受　金	300,000
②	普 通 預 金	600,000	前　受　金	600,000
③	支 払 手 付 金	140,000	現　　　　金	140,000

解説

①商品を販売する前に受け取った金額は前受金勘定で処理
　します。現金を受け取っているので借方は現金勘定とな
　ります。

②①と同様に前受金勘定で処理します。試験で出題される
　問題文に慣れていただくため、類題ですが出題しました。

③本問では前払金勘定ではなく支払手付金勘定が与えられ
　ているため、解答のようになります。
　どちらの勘定科目でも解答できるようにしておきましょ
　う。

テキスト p.7-8 ～ 9
参照

Chapter 1 Chapter 2 Chapter 3 Chapter 4 Chapter 5 Chapter 6 Chapter 7 Chapter 8 Chapter 9 Chapter 10 Chapter 11 Chapter 12

Chapter 8　一時的な処理

Section 1　仮払金と仮受金

問題 1　仮払金と仮受金の処理

解答

(1)

	借　方　科　目	金　　額	貸　方　科　目	金　　額
①	仮　　払　　金[01]	50,000	現　　　　　金	50,000
②	旅　　　　　費	47,000	仮　　払　　金	50,000
	現　　　　　金	3,000		

(2)

	借　方　科　目	金　　額	貸　方　科　目	金　　額
①	当　座　預　金	900,000	仮　　受　　金[01]	900,000
②	仮　　受　　金	900,000	売　　掛　　金	900,000

(3)

	借　方　科　目	金　　額	貸　方　科　目	金　　額
①	仮　　払　　金	50,000	現　　　　　金	50,000
②	当　座　預　金	200,000	仮　　受　　金	200,000
③	旅　　　　　費	42,000	仮　　払　　金	50,000
	現　　　　　金	8,000		
	仮　　受　　金	200,000	前　　受　　金	200,000

解説

(1)

①出張旅費としての支出に間違いありませんが、金額[02]が未確定であるため、とりあえず仮払金勘定で処理します。

②精算によって、出張旅費￥47,000が確定し、仮払金のうち、その部分を旅費として計上します。

(2)

①処理すべき勘定科目が不明であるため、これが判明するまで仮受金勘定で処理しておきます。

②仮受金の内容は、売掛金であることが判明したので仮受金勘定の借方に記入するとともに、売掛金勘定の貸方に記入して振替えを行います。

01) 収入・支出が生じたものの、勘定科目または金額が未確定である場合には、一時的に仮払金勘定、仮受金勘定を設けて処理します。

02) 出張旅費の「概算額」です。

(3)

①現金を支払ったが、金額が概算で決まっていないため、
　とりあえず仮払金勘定で処理します。

②当座預金口座に入金があったが、処理する貸方の勘定科
　目が不明のため、一時的に仮受金勘定で処理します。

③金額や勘定科目が判明したときに、該当する科目に振り
　替えます。

参照

強者は守れ！弱者は攻めろ！

　「自分は弱者なのか強者なのか」

　この問いかけを試験前に行っておかなければならない。

　それによって試験に対する戦術が違ってくるのだから。

　自分が合格に十分の実力のある強者なら、慎重に慎重に、精密機械のごとく慎重に、さらに少し鈍重なくらいのペースにして、1点1点を確実に積み重ねていくことが必要になる。

　決して冒険などしてはいけない。どちらか迷ったときも失点の少ない方を選択しなければならない。

　これが強者の戦術。

　これに対して弱者はどうすべきか。

　自分が弱者なら、一発逆転を狙わなければいけない。大胆に派手に、問題を攻めて攻めて仮説をたて、大きな点を取りにいく。

　決して安全策を取ってはいけない。どちらか迷ったときにも勝負に出る。

　これが弱者の戦略。

　強者が弱者の戦略を取ってしまって落ちるのを、私は「自滅」と呼んでいる。

　そしてけっこうな人数が毎回の試験で自滅する。

　そこに弱者が付け入る隙ができる。

　弱者が、正しく弱者の戦略を取り、少しの幸運が手伝うと、そこで合格できる。

　弱者だからといって合格できないほど、試験というのは律儀なやつじゃない。

　でも、もちろん皆さんには強者の戦術が取れるようにがんばってほしいが。

解答解説-50

消費税の処理

問題 2 消費税の処理

解答

	借 方 科 目	金 額	貸 方 科 目	金 額
1	現　　　　金	440,000	売　　　　上	400,000
			仮 受 消 費 税	40,000
2	仕　　　　入	120,000	買　　掛　　金	132,000
	仮 払 消 費 税	12,000		
3	現　　　　金	500,000	売　　　　上	840,000
	売　　掛　　金	424,000	仮 受 消 費 税	84,000
4	仕　　　　入	160,000	現　　　　金	20,000
	仮 払 消 費 税	16,000	買　　掛　　金	156,000
5	仕　　　　入	740,000	支 払 手 付 金	100,000
	仮 払 消 費 税	74,000	買　　掛　　金	714,000

解説

税抜方式による消費税の処理

1．税抜方式を採用しているため、受取額に含まれている消費税額¥40,000を仮受消費税として売上高と分けて処理します。

2．支払額に含まれている消費税額¥12,000を仮払消費税として仕入高と分けて処理します。

3．税抜方式を採用しているため、売上高と消費税額を分けて処理します。また、小切手で受け取った代金は現金勘定で処理し、残高は売掛金勘定で処理します。

4．税抜方式を採用しているため、仕入高と消費税額を分けて処理します。

5．税抜方式を採用しているため、仕入高と消費税額を分けて処理します。「すでに支払済みの手付金」は、前払金を意味しますが、全経簿記では勘定科目群にあるように「支払手付金」勘定で問われることがありますので勘定科目に注意しましょう。

テキスト p.8-5 〜 6
参照

問題 **3** 立替金と預り金の処理①

解答

	借　方　科　目	金　　額	貸　方　科　目	金　　額
(1)	立　替　金[01]	90,000	現　　　　金	90,000
(2)	給　　　　料	420,000	立　替　金[01]	90,000
			預　り　金[02]	35,000
			現　　　　金	295,000
(3)	預　り　金[02]	35,000	現　　　　金	35,000

01) 従業員立替金勘定で問われることもあります。
02) 所得税預り金勘定で問われることもあります。

解説

(1) 立替払いをしたときは、立替金勘定の増加として処理します。

(2) 立替金を給料支給時に支給額から回収しているため、立替金勘定の減少として処理します。また、給料総額から所得税の源泉徴収分を差し引いて支払う場合は、その分は預り金勘定で処理します。

(3) 預り金を支払ったときには、預り金勘定の減少として処理します。

テキスト p.8-7～9
参照

問題 **4**　立替金と預り金の処理②

解答

	借　方　科　目	金　　額	貸　方　科　目	金　　額
①	給　　　　　料	300,000	従 業 員 立 替 金	40,000
			現　　　　　金	260,000
②	給　　　　　料	350,000	所 得 税 預 り 金	60,000
			社 会 保 険 料 預 り 金	70,000
			現　　　　　金	220,000

解説

①給料支給額から立替金を回収しているので、立替金の減少となります。本問では語群より、従業員立替金勘定で処理します。

②所得税の源泉徴収額と従業員負担の社会保険料は、会社が給料の支払い時に差し引いて預かり、まとめて納付する源泉徴収制度が採用されています。本問では語群より、所得税の源泉徴収額と従業員負担の社会保険料の預かり額を分けて、所得税預り金と社会保険料預り金で処理します。

テキスト p.8-7～9
参照

試験は甲子園でもなければオリンピックでもない

　甲子園の高校野球を見ていると意外な学校が1回戦、2回戦と勝ち上がっていくにつれて実力をつけて強くなり、最後には優勝してしまう。つまり実力以上のものが出て勝ってしまう、などということが起こるといわれています。しかし試験ではそんなことは起こりえません。

　「知らないところが試験会場で急にわかるようになる」なんてことに期待するのは愚かです。また、70点以上をとれば誰でもが合格できる試験なのですから、オリンピックのように参加者の中に、一人の天才がいるとあとの人は、どんな努力をしても勝ちようがない、といったものでもありません。

　したがって、実力以上のものを望むことは逆にミスにつながるし、またそうでないと勝てないオリンピックではない、と思うのです。

　実力以上は望まず、実力がそのまま出せるようにと、それだけを望む。

　こんな姿勢が一番合格に近い心の姿勢だと思います。これでいきましょう。

問題 5　仮受金・仮払金・預り金

解答

	借 方 科 目	金 額	貸 方 科 目	金 額
1	当 座 預 金	320,000	仮 受 金	320,000
2	旅 費	85,000	仮 払 金	100,000
	現 金	15,000		
3	給 料	380,000	所得税預り金[01]	27,000
			現 金	353,000

01) 本試験では勘定科目が与えられるので、最も適切なものを選んで仕訳をできるようにします。

解説

1. 処理すべき勘定科目が不明であるため、これが判明するまで仮受金勘定で処理しておきます。
2. 精算によって、仮払金のうち旅費として確定した¥85,000を旅費勘定に計上し、未使用分として受け取った残額を現金勘定で処理します。
3. まず給料総額¥380,000を給料勘定の借方に記入します。そして、所得税を所得税預り金勘定で、差額の現金支払分を現金勘定の貸方に記入します。

テキスト p.8-2〜4
テキスト p.8-7〜9
参照

心のふるさと

　昔の人達はみんな『ふるさと』をもっていた。しかし、最近はこんなに素敵なものをもっている人は決して多くない。

　私自身「ふるさとはどこですか」と聞かれると、確かに生まれ落ちたのは大阪の西成ではあるが、とてもそこをふるさととは呼べない。したがって、ふるさとのない人の一人になってしまう。

　しかし、それは肉体の話である。そして、誰しも、心にもふるさとがある。

　それは、その人の心の中に目盛がつき、自分なりの物差し（価値観）が出来た時代であり、またそのときを過ごした場所であり、一つ一つの風景や人や、言葉が心に焼きつけられている。

　そしてその頃の自分は、何ものかに没頭して、夢中になって、必死になっていたはずである。そうでないと、自分なりの物差しなどできるはずはないのだから。

　良いことがあったり、悪いことがあったり、人生の節目を迎えたりしたときに、ふと、心のふるさとに立ちかえり、そこに今でも住んでいる心の中の自分自身に話しかけたりする。

　私の場合は、明らかに大学時代を過ごした京都の伏見・深草界隈である。吉野家でバイトをし、学費を作り、未来は見えず、それでも必死になって資格をとり、彼女と一緒に暮らし始めた、あの頃である。

　この季節、京都の山々が紅く燃え立ち、人々の声がこだまする。

　そして、やがて、やわらかな風花が舞い降りる。

　私の心のふるさとにも…。

Section 4　現金過不足

Section 4

 6　現金過不足①

解答

借　方　科　目	金　　額	貸　方　科　目	金　　額
① 現　　　　　金	2,600	現 金 過 不 足	2,600
② 現 金 過 不 足	2,500	受 取 利 息	2,500
③ 現 金 過 不 足	100	雑　　　　　益	100

解説

　　現金の手許有高と帳簿残高が一致しない場合には、その不一致額を現金過不足勘定 01) で処理します。その後、不一致原因がわかったときに原因となった勘定へ振り替えます。また、原因がわからなかった金額は、雑損勘定か雑益勘定 02) に振り替えます 03)。

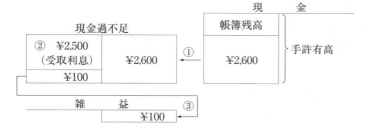

01) 一時的な仮勘定であり、なるべく早く原因を究明して適当な勘定に振り替えるようにします。
02) 雑収入で処理する場合もあります。
03) 原因判明分については、相手勘定科目を現金過不足とし、最終的に現金過不足勘定の残高がゼロとなるように仕訳します。

テキスト p.8-11 ～ 14
参照

解答

	借 方 科 目	金 額	貸 方 科 目	金 額
①	現　　　　　金	4,000	現 金 過 不 足	4,000
②	現 金 過 不 足	4,700	受 取 利 息	1,200
			売 　 掛 　 金	3,500
	支 払 利 息	1,000	現 金 過 不 足	1,000
③	現 金 過 不 足	300	雑 　 　 　 益	300

②の仕訳の別解として、次のように仕訳しても構いません。

（借）現 金 過 不 足	3,700	（貸）受 取 利 息	1,200
支 払 利 息	1,000	売 　 掛 　 金	3,500

解説

1. 現金の手許有高と帳簿残高に不一致が発見された場合、その差額を現金過不足勘定で処理します。そして、原因が判明したときにはその金額を適当な勘定へ振り替え、決算になっても原因が不明なときにはその金額を雑損勘定または雑益勘定[01]に振り替えます。

2. 勘定記入

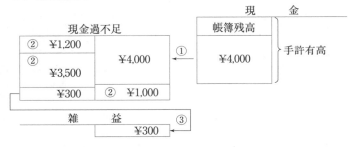

$$¥4,000 + ¥1,000 - ¥1,200 - ¥3,500 = ¥300$$

01) 雑収入でもよい。

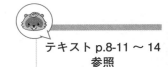

テキスト p.8-11 ～ 14
参照

問題 **8** 現金過不足③

解答

	借 方 科 目	金 額	貸 方 科 目	金 額
11/25	現 金 過 不 足	7,800	現 金	7,800
12/21	支 払 家 賃	4,000	現 金 過 不 足	4,000
31	雑 損	3,800	現 金 過 不 足	3,800

現 金

残高	97,500	11/25 現金過不足	7,800

現 金 過 不 足

11/25 現 金	7,800	12/21 支 払 家 賃	4,000
		31 雑 損	3,800

支 払 家 賃

12/21 現金過不足	4,000	

雑 損

12/31 現金過不足	3,800	

解説

　現金の実際有高と帳簿残高に不一致が発見された場合、その差額を現金過不足勘定で処理します。そして、原因が判明したときにはその金額を適当な勘定へ振り替え、決算（12/31）になっても原因が不明なときにはその金額を雑損勘定または雑益勘定に振り替えます。

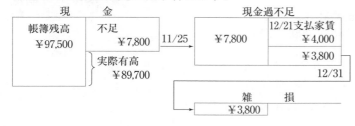

テキスト p.8-11 〜 14
参照

有価証券

問題 **1**　有価証券の処理①

解答

		借　方　科　目	金　　額	貸　方　科　目	金　　額
(1)	5.15	有　価　証　券⁰¹⁾	3,550,000	当　座　預　金	3,550,000
	6.20	未　　収　　金	3,750,000	有　価　証　券	3,550,000
				有価証券売却益	200,000
(2)	10.10	有　価　証　券⁰¹⁾	1,000,000	当　座　預　金	1,000,000
	11.15	現　　　　金	960,000	有　価　証　券	1,000,000
		有価証券売却損	40,000		

01) 有価証券として処理するものには次のようなものがあります。
　(1)株　式
　(2)社　債
　(3)国　債
　(4)地方債

解説

(1)
5.15　取得原価の算定
付随費用も取得原価に含めます。

$$\underset{\text{購入代価}}{\underline{@ ¥700 × 5,000 株}} + \underset{\text{付随費用}}{\underline{¥50,000}} = \underset{\text{取得原価}}{\underline{¥3,550,000^{02)}}}$$

6.20　売却の処理
有価証券の売却価額と帳簿価額の差額は、有価証券売却損益として処理します。

$@ ¥750 × 5,000 株 = ¥3,750,000$

$¥3,750,000 - ¥3,550,000 = ¥200,000$（売却益）

(2)
10.10　取得原価の算定
$¥1,000,000 ÷ ¥100^{03)} = 10,000 口^{04)}$（購入口数）

$@ ¥97 × 10,000 口 + ¥30,000 = ¥1,000,000$

11.15　売却の処理
$@ ¥96 × 10,000 口 = ¥960,000$

$¥960,000 - ¥1,000,000 = △¥40,000$

02) 取得原価＝購入代価＋付随費用
03) 額面金額は口数を求めるときの基礎となります。
04) 社債等の債券は、株数ではなく口数で数える点が株式と異なります。

テキスト p.9-2 ～ 4 参照

解答

	借　方　科　目	金　額	貸　方　科　目	金　額
①	有　価　証　券	1,430,000	当　座　預　金	1,430,000
②	当　座　預　金	1,600,000	有　価　証　券	1,430,000
			有価証券売却益	170,000
③	有　価　証　券	2,940,000	当　座　預　金	2,940,000
④	現　　　　　金	960,000	有　価　証　券	980,000
	有価証券売却損	20,000		
⑤	現　　　　　金	600,000	有　価　証　券	660,000
	有価証券売却損	60,000		
⑥	当　座　預　金	1,400,000	有　価　証　券	1,200,000
			有価証券売却益	200,000

解説

①取得原価の算定

取得原価は購入代価に付随費用を加算することによって
算定します。

$$\underset{\text{購入代価}}{\underline{@¥700 \times 2,000\,株}} + \underset{\text{付随費用}}{\underline{¥30,000}} = \underset{\text{取得原価}}{\underline{¥1,430,000}}$$

②売却の処理

有価証券を売却した場合、売却した有価証券の帳簿価額
を有価証券勘定の貸方に記入します。売却価額との差額
は「有価証券売却益（または損）」勘定で処理します。

売却価額＞帳簿価額 ------▶ 有価証券売却益
売却価額＜帳簿価額 ------▶ 有価証券売却損
@¥800 × 2,000 株＝¥1,600,000
¥1,600,000 － ¥1,430,000 ＝ ¥170,000（売却益）

③取得原価の算定

¥3,000,000 ÷ @¥100 ＝ 30,000 口（購入口数）
@¥98 × 30,000 口 ＝ ¥2,940,000

④売却の処理

売却価額と取得原価を算定して、差額を求めます。

¥1,000,000 ÷ @¥100 ＝ 10,000 口（売却口数）
@¥96 × 10,000 口 ＝ ¥960,000（売却価額）
@¥98 × 10,000 口 ＝ ¥980,000（取得原価）
¥960,000 － ¥980,000 ＝ △¥20,000（売却損）

⑤売却価額￥600,000 と帳簿価額￥660,000 との差額が売却
損益として処理されます。

  ￥600,000 － ￥660,000 ＝ ￥△ 60,000（売却損）

⑥売却価額￥1,400,000 と帳簿価額￥1,200,000 との差額が売
却損益として処理されます。

  ￥1,400,000 － ￥1,200,000 ＝ ￥200,000（売却益）

テキスト p.9-2 ～ 4
参照

Section 2 有形固定資産

問題 3 固定資産の購入と減価償却

解答

		借　方　科　目	金　　額	貸　方　科　目	金　　額
①	1/1	建　　　　物	2,950,000	当　座　預　金	2,950,000
	12/31	減　価　償　却　費	118,000	建　　　　物	118,000
②		建　　　　物	10,500,000	当　座　預　金	10,000,000
				現　　　　金	500,000
③		減　価　償　却　費	900,000	建　　　　物	900,000
④		減　価　償　却　費	150,000	備　　　　品	150,000
⑤		減　価　償　却　費	96,000	備　　　　品	96,000

解説

①取得原価は、購入代価に付随費用を加算することにより
算定します。

  $\underset{\text{購入代価}}{￥2,800,000} + \underset{\text{付随費用}}{￥150,000} = \underset{\text{取得原価}}{￥2,950,000}$

  ￥2,950,000 ÷ 25 年 ＝ ￥118,000

②営業用の建物の取得原価は、購入代価に付随費用を加算
することにより算定します。

  $\underset{\text{購入代価}}{￥10,000,000} + \underset{\text{付随費用}}{￥500,000} = \underset{\text{取得原価}}{￥10,500,000}$

③$(￥40,000,000 - \underset{\text{残存価額}}{￥40,000,000 × 10\%}) ÷ 40年 = ￥900,000^{01)}$

④￥900,000 ÷ 6 年 ＝ ￥150,000

⑤￥480,000 ÷ 5 年 ＝ ￥96,000

01）残存価額がある場合
は、取得原価から残
存価額を差し引いた
金額を耐用年数で割
ります。

テキスト p.9-9 ～ 13
参照

Chapter 10

株式の発行

Section 1　株式の発行

 問題 1　会社設立時の株式発行

解答

	借　方　科　目	金　　額	貸　方　科　目	金　　額
①	当 座 預 金	240,000,000	資　本　金	240,000,000
②	当 座 預 金	120,000,000	資　本　金	120,000,000

解説

①払込金額（発行価額）の全額を資本金に組み入れます。
　資本金：＠¥120,000 × 2,000 株＝¥240,000,000

テキスト p.10-2
参照

Section 2　株式会社の資本構成

 問題 2　純資産の部の構成

解答

イ	剰余金	ロ	その他利益剰余金
ハ	繰越利益剰余金	ニ	200,000

テキスト p.10-4 ～ 5
参照

Section 1 決算整理記入

問題 **1** 現金過不足の処理

解答

借方科目	金　額	貸方科目	金　額
現金過不足	3,000	雑　　益	3,000

解説

帳簿残高 vs 実際残高	現金過不足計上時	決算での処理（原因不明のとき）
帳簿残高＞実際残高	借　方	雑損
帳簿残高＜実際残高	貸　方	雑益または雑収入

テキスト p.11-2 ～ 3
参照

問題 **2** 固定資産の減価償却

解答

借方科目	金　額	貸方科目	金　額
減価償却費	60,000	備　品	60,000

解説

減価償却費の算定
　備品の減価償却費
　￥300,000 ÷ 5 年 ＝ ￥60,000

テキスト p.11-2 ～ 3
参照

Section
2 **売上原価の計算**

問題 3) **売上原価の計算**

解答

借 方 科 目	金　　　額	貸 方 科 目	金　　　額
仕　　　　入	50,000	繰 越 商 品	50,000
繰 越 商 品	60,000	仕　　　　入	60,000

解説

　売上原価の算定を仕入勘定で行う場合、売上原価の算定[01]に必要な３つの金額、①期首商品棚卸高、②当期商品仕入高、③期末商品棚卸高を仕入勘定に集め、その貸借差額で売上原価を計算します[02]。

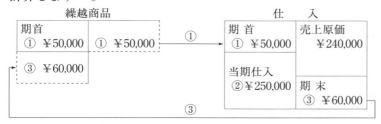

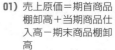

①期首商品棚卸高を繰越商品勘定から仕入勘定の借方に振り替えます。
期首商品

（借）仕　　　　入	50,000	（貸）繰 越 商 品	50,000

②当期商品仕入高 ¥250,000
③期末商品棚卸高を仕入勘定から繰越商品勘定の借方に振り替えます。
期末商品

（借）繰 越 商 品	60,000	（貸）仕　　　　入	60,000

- **01)** 売上原価＝期首商品棚卸高＋当期商品仕入高－期末商品棚卸高
- **02)** ②の当期商品仕入高は期中において、すでに仕入勘定に記入済みです。

テキスト p.11-5 ～ 8
参照

Chapter 1
Chapter 2
Chapter 3
Chapter 4
Chapter 5
Chapter 6
Chapter 7
Chapter 8
Chapter 9
Chapter 10
Chapter 11
Chapter 12

解答解説-**63**

解答

（ア）期首純資産（期首資本）	（イ）売上原価	（ウ）売上総利益	（エ）当期純利益
￥　　5,000,000	￥　　7,000,000	￥　　3,900,000	￥　　450,000

解説

　「なお、損益取引以外の取引により生じた純資産の変動はなかった」とあるため、次のように解答していきます。

（ア）期首純資産（期首資本）の算定

　　￥6,400,000 － ￥1,400,000 ＝ ￥5,000,000

期　　首

資　産	負　債
￥6,400,000	￥1,400,000
	純資産（資本）
	￥5,000,000

（イ）売上原価の算定

　　￥1,160,000 ＋ ￥7,040,000 － ￥1,200,000 ＝ ￥7,000,000

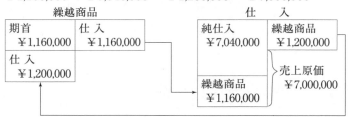

（ウ）売上総利益の算定

　　売上総利益は純売上高から売上原価をひいて求めます。
　　￥10,900,000 － ￥7,000,000 ＝ ￥3,900,000

（エ）当期純利益の算定

期首純資産（期首資本）＋当期純利益＝期末純資産（期末資本）となるため、まず期末純資産（期末資本）を計算します。

期　　末

資　産	負　債
¥6,920,000	¥1,470,000
	純資産（資本） ¥5,450,000

当期純利益は期末純資産（期末資本）から期首純資産（期首資本）をひいて求めます。

¥5,450,000 − ¥5,000,000 ＝ ¥450,000

なお、当期純利益は、当期の総収益から総費用をひいて求めることも出来ます。

（本問では総収益、総費用の金額が不明のため出来ません。）

総収益：売上高以外に、受取利息なども含めたすべての収益

総費用：売上原価以外に、広告費や支払利息なども含めたすべての費用

テキスト p.11-5 ～ 8 参照

問題 5	貸借対照表と損益計算書にかかわる公式②

解答

期首純資産（資本）	売　上　原　価	売　上　総　利　益	当　期　純　損　失
¥　　2,970,500	¥　　11,256,000	¥　　2,871,000	¥　　345,500

解説

　「当期中に損益取引以外の取引により生じた純資産の増減はなかったものとする」とあるため、次のように解答していきます。

(1)期首純資産（資本）の算定

　¥6,192,000 − ¥3,221,500 = ¥2,970,500

```
        期　　首
資　産        負　債
¥6,192,000    ¥3,221,500


              純資産（資本）
              ¥2,970,500
```

(2)売上原価の算定

　¥1,283,000 + ¥11,231,000 − ¥1,258,000 = ¥11,256,000

```
      繰越商品                       仕　　入
期首        仕　入         純仕入高        繰越商品
¥1,283,000  ¥1,283,000     ¥11,231,000     ¥1,258,000
仕　入                                        売上原価
¥1,258,000                 繰越商品           ¥11,256,000
                           ¥ 1,283,000
```

(3)売上総利益の算定

　純売上高¥14,127,000 − 売上原価¥11,256,000 = ¥2,871,000

(4)当期純損失の算定

　当期純損失を計上すると、純資産（資本）を減少させます。したがって当期純損失は、期首純資産（資本）から期末純資産（資本）への減少額として求めることができます。

　¥5,989,500 − ¥3,364,500 = ¥2,625,000　（期末純資産）
　¥2,625,000 − ¥2,970,500 = △¥345,500

テキスト p.11-5 〜 8
参照

Section 3 貸倒れの見積もり

問題 6 貸倒れの発生①

解答

	借方科目	金額	貸方科目	金額
(1)	貸倒引当金[01]	8,000	売掛金	8,000
(2)	貸倒引当金	21,000	売掛金	32,000
	貸倒損失[02]	11,000		
(3)	貸倒損失	10,000	売掛金	10,000

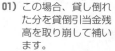

01) この場合、貸し倒れた分を貸倒引当金残高を取り崩して補います。
02) この場合、貸倒引当金残高で補えない部分を「貸倒損失」とします。

テキストp.11-10～12 参照

問題 7 貸倒れの発生②

解答

	借方科目	金額	貸方科目	金額
①	貸倒引当金	155,000	売掛金	155,000
②	貸倒損失	560,000	売掛金	560,000

解説

①前期に生じた売掛金が回収不能となった場合は、前期の決算で設定した貸倒引当金を取り崩して充当します。回収不能となった売掛金の金額が、貸倒引当金の残高よりも大きい場合は、貸倒引当金で充当できない分を貸倒損失勘定で処理します。
②当期に生じた売掛金が回収不能となった場合は、貸倒引当金の残高の有無にかかわらず貸倒損失勘定で処理します。

テキストp.11-10～12 参照

解答解説-67

解答

		借 方 科 目	金 額	貸 方 科 目	金 額
(1)	①	貸 倒 損 失	2,000	売 掛 金	2,000
	②	貸倒引当金繰入	400	貸 倒 引 当 金	400
(2)	①	貸 倒 引 当 金	14,000	売 掛 金	14,000
	②	貸倒引当金繰入	4,000	貸 倒 引 当 金	4,000

解説

(1)

①当期分の売掛金が貸倒れとなったため、全額貸倒損失勘定で処理します。

②貸倒引当金の設定額：¥120,000×2％＝¥2,400

　貸倒引当金残高は¥2,000のままなので、

　貸倒引当金繰入（額）：¥2,400−¥2,000＝¥400　となります。

(2)

①前期分の売掛金が貸倒れとなったため、貸倒引当金を取り崩して充当します。

②①の処理を行ったため、貸倒引当金残高は

　¥20,000−¥14,000＝¥6,000となっています。

　貸倒引当金の設定額：¥250,000×4％＝¥10,000　なので、

　貸倒引当金繰入（額）：¥10,000−¥6,000＝¥4,000　となります。

テキストp.11-10〜12
参照

Section 4　消耗品費の処理

問題 9　消耗品費の処理①

解答

(1)

借方科目	金　　額	貸方科目	金　　額
消　耗　品	40,000	消　耗　品　費	40,000

(2)

決算整理後の消耗品費の残高	130,000 円	決算整理後の消耗品の残高	40,000 円

解説

　　購入時には消耗品費勘定で処理し、決算時には未使用分を消耗品勘定に振り替え、次期に繰り延べる処理を行います。

消耗品費 ¥170,000	使用高 ¥130,000
	未使用分[01] ¥40,000　貸借対照表上の数値

　　¥170,000 － ¥40,000 ＝ ¥130,000（損益計算書上の数値）

01）未使用分を消耗品勘定に振り替えます。

テキストp.11-14〜15
参照

解答

(1)

	借 方 科 目	金 額	貸 方 科 目	金 額
①	消 耗 品 費	*30,000*	現 金	*30,000*
②	消 耗 品	*5,000*	消 耗 品 費	*5,000*

(2)

決算整理後の消耗品費の残高	**25,000**円	決算整理後の消耗品の残高	**5,000**円

解説

　購入時には消耗品費勘定で処理し、決算時には未使用分を消耗品勘定に振り替え、次期に繰り延べる処理を行います。

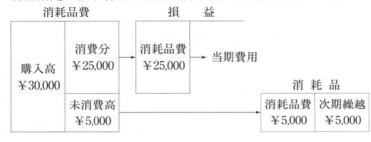

テキストp.11-14〜15
参照

Section 5・6 費用の繰延べ・見越し

問題11 費用の繰延べ

解答

	借方科目	金　額	貸方科目	金　額
①	前払保険料	30,000	保　険　料	30,000
②	前　払　家　賃	160,000	支　払　家　賃	160,000

解説

①期中に支払った保険料のうち未経過分¥30,000 は、翌期の費用
　となるため、前払保険料勘定（資産）を用いて翌期に繰り延
　べます。

②期中に支払った家賃のうち未経過分¥160,000 は、翌期の費用
　となるため、前払家賃勘定（資産）を用いて翌期に繰り延べ
　ます。

テキストp.11-16〜19
参照

問題12 費用の見越し

解答

	借方科目	金　額	貸方科目	金　額
①	給　　　　料	9,000	未　払　給　料	9,000
②	支　払　手　数　料	30,000	未　払　手　数　料	30,000

解説

①給料支給日と決算日が一致していない場合などに未払高を当
　期の費用とするため、未払給料（負債）を用いて見越し計上
　します。

②手数料の支払期日が来ていなくても、未払高¥30,000 は当期の
　費用として処理するため、未払手数料勘定（負債）を用いて
　見越し計上します。

テキストp.11-16〜19
参照

Chapter 1
Chapter 2
Chapter 3
Chapter 4
Chapter 5
Chapter 6
Chapter 7
Chapter 8
Chapter 9
Chapter 10
Chapter 11
Chapter 12

解答

	借 方 科 目	金 額	貸 方 科 目	金 額
(1)	雑　　　　　損	1,000	現 金 過 不 足	1,000
(2)	減 価 償 却 費	1,000,000	備　　　　　品	1,000,000
(3)	仕　　　　　入	320,000	繰 越 商 品	320,000
	繰 越 商 品	470,000	仕　　　　　入	470,000
(4)	貸倒引当金繰入	12,000	貸 倒 引 当 金	12,000

解説

(1) 現金の実際有高と帳簿残高に不一致が発見された場合、その差額を現金過不足勘定で処理します。決算になっても原因が不明なときには、その金額を雑損勘定または雑益勘定に振り替えます。

① 残高不一致の発見時の仕訳
　　（借）現金過不足　　1,000　　（貸）現　　　金　　1,000

② 雑損への振替え（決算時）
　　（借）雑　　　損　　1,000　　（貸）現金過不足　　1,000

(2) 備品の減価償却費の算定
　　¥5,000,000 ÷ 5 年 ＝ ¥1,000,000

(3) 売上原価の算定を仕入勘定で行う場合、売上原価の算定[01]に必要な3つの金額、①期首商品棚卸高、②当期商品仕入高、③期末商品棚卸高を仕入勘定に集め、その貸借差額で売上原価を計算します[02]。

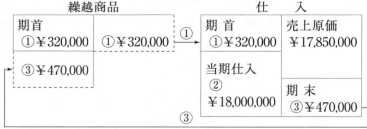

(4) 貸倒引当金の設定
　　貸倒引当金の残高は ¥30,000 であり、問題文の指示より、貸倒引当金設定金額：¥3,500,000 × 1.2% ＝ ¥42,000 であることがわかります。
　　貸倒引当金設定金額＞貸倒引当金残高なので、両者の差額 ¥12,000 を貸倒引当金繰入に計上します。

01) 売上原価＝期首商品棚卸高＋当期商品仕入高－期末商品棚卸高

02) ②の当期商品仕入高は期中において、すでに仕入勘定に記入済みです。

テキスト p.11-2〜12 参照

流 星 哲 学

　毎年、夏になると流星群がやってきます。

　大阪にいた頃には、流星群がくるたびに三重と奈良の県境に出かけ、望遠鏡で流れ星を追ったものでした。

　ところで、みなさんは『流れ星に願いごとをすると、その願いごとが叶う』という話、信じておられますか？

　『そんなお伽話、今どき信じている人はいないよ』とお思いでしょう。

　でも、私は信じています。

　信じているどころか、『流れ星に願いごとをすると、その願いごとが叶う』と保証します。

　夜、星空を見上げて、流れ星を探してみてください。

　晴れた日ばかりではなく、雨の日も曇りの日もあります。つまり、必ず星空が見えるとは限りません。

　また、運よく星空が見え、さらに運よく流れ星が流れたとしましょう。しかし、広い夜空の下、そこを見ていなければ流れ星に気づくことはありません。

　さらに、流れ星などほんの一瞬です。

　その一瞬の間に自分の願いごとを言う。

　それは本当に多くの偶然が重なった、その一瞬に願いごとを言うということになります。

　つまり、一日24時間四六時中、自分が本当に願っていることでないと、とてもとてもその瞬間に言葉になるものではないのです。

　もう、おわかりでしょう。

　私が『流れ星に願いごとをすると、その願いごとが叶う』ことを保証するわけが。そうです。

　一人の人間が24時間四六時中、寝ても醒めても本当に願っていることならば、当然にそのための努力を厭うこともなく、それは必然的に実現するのです。

　あっ、流れ星だ！

　間に合いましたか？　そして、あなたは何を願いましたか？

Section 1 精算表

 問題 **1** 精算表の作成①

解答

精　算　表

勘定科目	残高試算表 借方	残高試算表 貸方	修正記入 借方	修正記入 貸方	損益計算書 借方	損益計算書 貸方	貸借対照表 借方	貸借対照表 貸方
現　　　　　金	251,000						251,000	
現 金 過 不 足		1,000	1,000					
当 座 預 金	2,170,000						2,170,000	
売　　掛　　金	4,000,000						4,000,000	
貸 倒 引 当 金		36,000		12,000				48,000
有 価 証 券	2,000,000						2,000,000	
繰 越 商 品	750,000		800,000	750,000			800,000	
貸　　付　　金	3,000,000						3,000,000	
備　　　　　品	4,200,000			600,000			3,600,000	
買　　掛　　金		2,950,000						2,950,000
前　　受　　金		163,000						163,000
借　　入　　金		2,000,000						2,000,000
資　　本　　金		8,000,000						8,000,000
繰 越 利 益 剰 余 金		1,950,000						1,950,000
売　　　　　上		33,000,000				33,000,000		
受 取 利 息		50,000				50,000		
仕　　　　　入	22,300,000		750,000	800,000	22,250,000			
給　　　　　料	7,300,000		700,000		8,000,000			
交　　際　　費	50,000				50,000			
広　　告　　費	140,000				140,000			
交　　通　　費	290,000				290,000			
通　　信　　費	250,000				250,000			
消 耗 品 費	70,000				70,000			
支 払 家 賃	1,300,000			100,000	1,200,000			
支 払 利 息	79,000				79,000			
	48,150,000	48,150,000						
貸 倒 引 当 金 繰 入			12,000		12,000			
減 価 償 却 費			600,000		600,000			
雑　　　　　益				1,000		1,000		
未 払 給 料				700,000				700,000
前 払 家 賃			100,000				100,000	
当 期 純（**利益**）					110,000			110,000
			2,963,000	2,963,000	33,051,000	33,051,000	15,921,000	15,921,000

解説

　精算表を作成するための決算整理仕訳は、次のようになります。

⑴売上原価の算定

（借）仕　　　　入	750,000	（貸）繰 越 商 品	750,000
（借）繰 越 商 品	800,000	（貸）仕　　　　入	800,000

⑵貸倒引当金の設定

（借）貸倒引当金繰入	12,000	（貸）貸倒引当金	12,000

　売掛金の期末残高の 1.2％が貸倒引当金の残高になるように補充します。

貸倒引当金の設定金額　¥4,000,000 × 1.2％ =	¥48,000
貸倒引当金の残高	－）¥36,000
差引・貸倒引当金繰入	¥12,000

⑶減価償却費の計上

（借）減価償却費	600,000	（貸）備　　　品	600,000

　¥6,000,000 ÷ 10 年 = ¥600,000

⑷現金過不足

（借）現金過不足	1,000	（貸）雑　　　益	1,000

⑸給料の見越し

（借）給　　　料	700,000	（貸）未 払 給 料	700,000

⑹支払家賃の繰延

（借）前 払 家 賃	100,000	（貸）支 払 家 賃	100,000

テキスト p.12-2 ～ 7
参照

Chapter 1
Chapter 2
Chapter 3
Chapter 4
Chapter 5
Chapter 6
Chapter 7
Chapter 8
Chapter 9
Chapter 10
Chapter 11
Chapter 12

問題 **2** **精算表の作成②**

解答

精 算 表

勘 定 科 目	残高試算表 借方	残高試算表 貸方	修正記入 借方	修正記入 貸方	損益計算書 借方	損益計算書 貸方	貸借対照表 借方	貸借対照表 貸方
現　　　　　金	54,000						54,000	
当 座 預 金	2,823,000						2,823,000	
売　　掛　　金	900,000						900,000	
貸 倒 引 当 金		7,800		3,000				10,800
有 価 証 券	3,200,000						3,200,000	
繰 越 商 品	300,000		449,000	300,000			449,000	
貸　付　　金	1,800,000						1,800,000	
備　　　　　品	2,000,000			360,000			1,640,000	
買　　掛　　金		870,000						870,000
前　　受　　金		230,000						230,000
借　　入　　金		3,000,000						3,000,000
資　　本　　金		6,000,000						6,000,000
繰越利益剰余金		475,000						475,000
売　　　　　上		31,500,000				31,500,000		
受 取 利 息		35,200				35,200		
仕　　　　　入	23,000,000		300,000	449,000	22,851,000			
給　　　　　料	5,900,000		155,000		6,055,000			
広　　告　　費	78,000			36,000	42,000			
交　　通　　費	120,000				120,000			
通　　信　　費	240,000				240,000			
消 耗 品 費	83,000			6,000	77,000			
支 払 家 賃	1,510,000				1,510,000			
支 払 利 息	110,000				110,000			
	42,118,000	42,118,000						
貸倒引当金繰入			3,000		3,000			
減 価 償 却 費			360,000		360,000			
消　　耗　　品			6,000				6,000	
未 払 給 料				155,000				155,000
前 払 広 告 費			36,000				36,000	
当 期 純（**利益**）					167,200			167,200
			1,309,000	1,309,000	31,535,200	31,535,200	10,908,000	10,908,000

解説

　　精算表を作成するための決算整理仕訳は、次のようになります。

(1)売上原価の算定

（借）仕　　　　入	300,000	（貸）繰 越 商 品	300,000
（借）繰 越 商 品	449,000	（貸）仕　　　　入	449,000

(2)貸倒引当金の設定

（借）貸倒引当金繰入	3,000	（貸）貸 倒 引 当 金	3,000

　　売掛金の期末残高の 1.2%が貸倒引当金の残高になるように補充します。

貸倒引当金の設定金額	￥900,000 × 1.2% =	￥10,800
貸倒引当金の残高	−)	￥ 7,800
差引・貸倒引当金繰入		￥ 3,000

(3)減価償却費の計上

（借）減 価 償 却 費	360,000	（貸）備　　　　品	360,000

　　（￥2,000,000 − ￥2,000,000×10%）÷ 5 年 = ￥360,000

(4)消耗品の未使用分の整理

（借）消 　耗 　品	6,000	（貸）消 耗 品 費	6,000

(5)給料の未払分の整理

（借）給　　　　料	155,000	（貸）未 払 給 料	155,000

(6)広告費の前払分の整理

（借）前 払 広 告 費	36,000	（貸）広 　告 　費	36,000

テキスト p.12-2 ～ 7
参照

Chapter.1
Chapter.2
Chapter.3
Chapter.4
Chapter.5
Chapter.6
Chapter.7
Chapter.8
Chapter.9
Chapter.10
Chapter.11
Chapter.12

問題 3　精算表の作成③

解答

精　算　表

勘 定 科 目	残高試算表 借方	残高試算表 貸方	修正記入 借方	修正記入 貸方	損益計算書 借方	損益計算書 貸方	貸借対照表 借方	貸借対照表 貸方
現　　　　　金	691,000						691,000	
現 金 過 不 足		1,000	1,000					
当 座 預 金	2,966,000						2,966,000	
売 　 掛 　 金	5,750,000						5,750,000	
貸 倒 引 当 金		55,000		14,000				69,000
有 価 証 券	1,600,000						1,600,000	
繰 越 商 品	450,000		580,000	450,000			580,000	
貸 　 付 　 金	1,350,000						1,350,000	
備 　 　 　 品	1,200,000			600,000			600,000	
買 　 掛 　 金		4,158,000						4,158,000
前 　 受 　 金		300,000		200,000				500,000
仮 　 受 　 金		200,000	200,000					
借 　 入 　 金		2,000,000						2,000,000
資 　 本 　 金		6,650,000						6,650,000
繰越利益剰余金		50,000						50,000
売 　 　 　 上		27,963,000				27,963,000		
受 取 利 息		72,000				72,000		
仕 　 　 　 入	16,725,000		450,000	580,000	16,595,000			
給 　 　 　 料	8,730,000		180,000		8,910,000			
広 　 告 　 費	210,000				210,000			
交 　 通 　 費	235,000				235,000			
通 　 信 　 費	158,000				158,000			
消 耗 品 費	38,000				38,000			
支 払 家 賃	1,300,000			100,000	1,200,000			
支 払 利 息	46,000				46,000			
	41,449,000	41,449,000						
貸倒引当金繰入			14,000		14,000			
減 価 償 却 費			600,000		600,000			
雑 　 　 　 益				1,000		1,000		
前 払 家 賃			100,000				100,000	
（ **未払** ） 給 料				180,000				180,000
当 期 純 （ **利益** ）					30,000			30,000
			2,125,000	2,125,000	28,036,000	28,036,000	13,637,000	13,637,000

解説

精算表を作成するための決算整理仕訳は、次のようになります。

(1)仮受金の処理

（借）仮　受　金　200,000　　（貸）前　受　金　200,000

入金の理由が、受注した商品に係る手付金と判明したので、前受金勘定に振り替えます。

(2)売上原価の算定

（借）仕　　　　入　450,000　　（貸）繰 越 商 品　450,000

（借）繰 越 商 品　580,000　　（貸）仕　　　　入　580,000

(3)貸倒引当金の設定

（借）貸倒引当金繰入　14,000　　（貸）貸 倒 引 当 金　14,000

売掛金の期末残高の1.2％が貸倒引当金の残高になるように補充します。

貸倒引当金の設定金額　￥5,750,000 × 1.2％ ＝ 　￥69,000
貸倒引当金の残高　　　　　　　　　　　　 －）￥55,000
差引・貸倒引当金繰入　　　　　　　　　　　　　￥14,000

(4)減価償却費の計上

（借）減価償却費　600,000　　（貸）備　　　　品　600,000

￥3,000,000 ÷ 5 年 ＝ ￥600,000

(5)現金過不足

（借）現金過不足　1,000　　（貸）雑　　　　益　1,000

(6)支払家賃の繰延べ

（借）前 払 家 賃　100,000　　（貸）支 払 家 賃　100,000

(7)給料の見越し

（借）給　　　　料　180,000　　（貸）未 払 給 料　180,000

テキスト p.12-2 〜 7
参照

 問題 4　貸借対照表と損益計算書

解答

(1)

貸　借　対　照　表

東京商店　　　　　　　　×1年4月1日　　　　　　（単位：円）

（資　　産）	金　　額	（負債および純資産）	金　　額
現　　　　金	100,000	買　　掛　　金	250,000
売　　掛　　金	280,000	借　　入　　金	180,000
商　　　　品	200,000	資　　本　　金	200,000
備　　　　品	150,000	繰越利益剰余金	100,000
	730,000		730,000

(2)

損　益　計　算　書

東京商店　　×1年4月1日～×2年3月31日　　（単位：円）

（費　　用）	金　　額	（収　　益）	金　　額
売　上　原　価	650,000	売　　上　　高	950,000
給　　　　料	300,000	有価証券売却益	180,000
通　　信　　費	60,000	受　取　利　息	30,000
交　　通　　費	30,000		
保　　険　　料	50,000		
支　払　利　息	20,000		
当　期　純　利　益	50,000		
	1,160,000		1,160,000

貸　借　対　照　表

東京商店　　　　　　　×2年3月31日　　　　　　（単位：円）

（資　　産）	金　　額	（負債および純資産）	金　　額
現　　　　金	80,000	買　　掛　　金	390,000
売　　掛　　金	260,000	借　　入　　金	500,000
商　　　　品	200,000	資　　本　　金	200,000
建　　　　物	500,000	繰越利益剰余金	150,000
備　　　　品	200,000		
	1,240,000		1,240,000

テキスト p.12-12～13
参照

解説

　次のものは帳簿上の勘定科目と、財務諸表（損益計算書と貸借対照表）に記載する表示科目が異なるため注意が必要です。

勘定科目名		⇒	貸借対照表表示科目	
	繰 越 商 品		貸借対照表表示科目	商　　　品
	前払保険料など			前 払 費 用
勘定科目名	未 払 給 料 など			未 払 費 用
	売　　　上		損益計算書表示科目	売 上 高
	仕　　　入			売 上 原 価

　また、当期純利益は純資産の繰越利益剰余金を増加させ、当期純損失は繰越利益剰余金を減少させます。

収益：￥950,000 ＋ ￥180,000 ＋ ￥30,000 ＝ ￥1,160,000
費用：￥650,000 ＋ ￥300,000 ＋ ￥60,000 ＋ ￥30,000 ＋ ￥50,000 ＋ ￥20,000 ＝ ￥1,110,000
当期純利益：￥1,160,000 － ￥1,110,000 ＝ ￥50,000
×2年3月31日の貸借対照表の繰越利益剰余金：￥100,000 ＋ ￥50,000 ＝ ￥150,000

Chapter 1
Chapter 2
Chapter 3
Chapter 4
Chapter 5
Chapter 6
Chapter 7
Chapter 8
Chapter 9
Chapter 10
Chapter 11
Chapter 12

解答

貸 借 対 照 表

×2年3月31日　　　　　　　　（単位：円）

資　　　　　産	金　　額	負債および純資産	金　　額
現　　　　　　金	570,000	買　　掛　　金	5,800,000
当　座　預　金	3,700,000	未 払 費 用 (03)	40,000
売　掛　金（6,000,000）		借　　入　　金	3,000,000
貸倒引当金（90,000）	5,910,000 (01)	資　　本　　金	4,950,000
商　　　　品 (02)	520,000	（繰越利益剰余金）	30,000
貸　　付　　金	1,500,000		
備　　　　　品	1,620,000		
	13,820,000		13,820,000

損 益 計 算 書

×1年4月1日～×2年3月31日　　　　（単位：円）

費　　　　　用	金　　額	収　　　　　益	金　　額
売　上　原　価 (04)	2,610,000	売　　上　　高 (05)	5,588,000
給　　　　　料	1,370,000	雑　　　　益	2,000
交　　通　　費	80,000	受　取　利　息	110,000
通　　信　　費	200,000		
支　払　家　賃	630,000		
支　払　利　息	210,000		
貸倒引当金繰入	30,000		
減　価　償　却　費	540,000		
当　期　純（利益）	30,000		
	5,700,000		5,700,000

01) 売掛金¥6,000,000から貸倒引当金¥90,000を差し引いた¥5,910,000は、回収することができると考えられる売掛金の金額を示しています。

02) 貸借対照表では「繰越商品」ではなく、「商品」と表示します。

03) 貸借対照表では「未払給料」は「未払費用」と表示します。

04) 損益計算書では「仕入」ではなく、「売上原価」と表示します。

05) 損益計算書では「売上」ではなく、「売上高」と表示します。

解説

　本問は、決算整理前の総勘定元帳の勘定残高から決算整理を行い、貸借対照表および損益計算書を作成する問題です。

(1)売上原価の計算

（借）仕	入	480,000	（貸）繰越商品	480,000
（借）繰越商品	520,000	（貸）仕	入	520,000

総勘定元帳 繰越商品 ⇒	期首商品 ¥480,000	売上原価 ¥2,610,000 （貸借差額）	← 損益計算書 売上原価
総勘定元帳 仕　　入 ⇒	当期仕入 ¥2,650,000	期末商品 ¥520,000	← 貸借対照表 商　　品

(2)貸倒引当金の設定

（借）貸倒引当金繰入	30,000	（貸）貸倒引当金	30,000

　売掛金の期末残高の1.5％が貸倒引当金の残高になるように補充します。

貸倒引当金の設定金額　¥6,000,000 × 1.5％ =	¥90,000
貸倒引当金の残高	−）¥60,000
差引・貸倒引当金繰入	¥30,000

(3)減価償却費の計上

（借）減価償却費	540,000	（貸）備	品	540,000

　¥2,700,000 ÷ 5年 = ¥540,000

(4)給料の見越し

（借）給	料	40,000	（貸）未払給料	40,000

(5)繰越利益剰余金の計上

（借）損	益	30,000	（貸）繰越利益剰余金	30,000

　損益計算書の貸借差額を当期純利益（または当期純損失）として計上します。

　当期純利益（または当期純損失）は繰越利益剰余金勘定に振り替え、次期に繰り越します。

テキスト p.12-12～13
参照

 問題 6 決算振替記入と帳簿の締切り

解答

(1) ①収益の振替え

借 方 科 目	金 額	貸 方 科 目	金 額
売 上	750,000	損 益	788,000
受 取 手 数 料	31,000		
受 取 利 息	7,000		

②費用の振替え

借 方 科 目	金 額	貸 方 科 目	金 額
損 益	768,000	仕 入	505,000
		給 料	125,000
		水 道 光 熱 費	43,000
		広 告 費	34,000
		支 払 家 賃	61,000

> **01)** 解答用紙には締切線が印刷されていますが、ここではまだ締め切る前ですから、締切線は入れていません。

(2)上記決算振替仕訳にもとづいて、次ページの各勘定に転記しなさい[01]。

	売 上		
損 益	750,000	現 金	250,000
		現 金	300,000
		現 金	200,000

	受取手数料		
損 益	31,000	現 金	14,000
		現 金	17,000

	受 取 利 息		
損 益	7,000	現 金	7,000

	仕 入		
現 金	175,000	損 益	505,000
現 金	195,000		
現 金	135,000		

	給 料		
現 金	125,000	損 益	125,000

	水 道 光 熱 費		
現 金	43,000	損 益	43,000

	広 告 費		
現 金	34,000	損 益	34,000

	支 払 家 賃		
現 金	61,000	損 益	61,000

	損 益		
仕 入	505,000	売 上	750,000
給 料	125,000	受取手数料	31,000
水道光熱費	43,000	受 取 利 息	7,000
広 告 費	34,000		
支 払 家 賃	61,000		

	繰越利益剰余金		
		前期繰越	800,000

(3)損益勘定から繰越利益剰余金勘定への振替え

借 方 科 目	金 額	貸 方 科 目	金 額
損　　　　益	*20,000*	繰越利益剰余金	*20,000*

売　　　　上

損　　益	*750,000*	現　　金	250,000
		現　　金	300,000
		現　　金	200,000
	750,000		*750,000*

受取手数料

損　　益	*31,000*	現　　金	14,000
		現　　金	17,000
	31,000		*31,000*

受 取 利 息

損　　益	*7,000*	現　　金	7,000

仕　　　　入

現　　金	175,000	損　　益	*505,000*
現　　金	195,000		
現　　金	135,000		
	505,000		*505,000*

給　　　料

現　　金	125,000	損　　益	*125,000*

水道光熱費

現　　金	43,000	損　　益	*43,000*

広　告　費

現　　金	34,000	損　　益	*34,000*

支 払 家 賃

現　　金	61,000	損　　益	*61,000*

繰越利益剰余金

次期繰越 [02]	*820,000*	前期繰越	800,000
		損　　益	*20,000*
	820,000		*820,000*

損　　　　益

仕　　　　　入	*505,000*	売　　　　　　上	*750,000*
給　　　　　料	*125,000*	受 取 手 数 料	*31,000*
水 道 光 熱 費	*43,000*	受 取 利 息	*7,000*
広　　告　　費	*34,000*		
支 払 家 賃	*61,000*		
繰越利益剰余金	*20,000*		
	788,000		*788,000*

02) 資産、負債、純資産の勘定は貸借の合計額を一致させて締め切ります。そのため本来の残高とは逆側に「次期繰越」と朱書きします。

解説

　本問は、決算整理記入が終わった後に行われる帳簿の締切のための手順を問う問題です。Ｔフォームのみの解答欄を設けるのではなく、仕訳の解答欄も設けました。これは、**仕訳→転記**という記帳の流れを意識してほしいからです。

　仕訳をしたら転記する、あるいは、**総勘定元帳の各勘定に記入するためには先に仕訳帳に仕訳を書く**ということが必要だということを覚えておきましょう。

収益・費用の諸勘定の処理　　　　　　　　　　　　　　資産・負債・純資産
　　　　　　　　　　　　　　　　　　　　　　　　　　の諸勘定の処理

| (1)損益勘定の設定 | (2)勘定残高の損益勘定への振替え | (3)純損益の振替え | (4)費用・収益の締切り | (5)次期繰越及び前期繰越の記入 | (6)繰越試算表の作成 |

　(1)の損益勘定に収益と費用の勘定残高を振り替える処理を**損益振替仕訳**といいます。

　(3)の損益勘定において算定した当期純利益（または当期純損失）を繰越利益剰余金へ振り替える処理を**資本振替仕訳**といいます。

　損益振替仕訳と**資本振替仕訳**の２つは**決算振替仕訳**といいます。

テキスト p.12-18～21
参照

必然的な偶然

　『必然的な偶然』という話をしましょう。

　実は、幸運にも合格した人は口を揃えてこう言います。

　『いやー、たまたま前の日に見たところが出てねー、それができたから…』とか、『いやー、たまたま行く途中に見たところが出てねー、それができたから…』と、いかにも偶然に運がよかったかのように。

　しかし、私から見るとそれは偶然ではなく、必然です。前の日に勉強しなかったら、試験会場に行く途中に勉強しなかったら、その幸運は起こらなかったのですから。

　つまり、最後まで諦めなかった人だけが最後の幸運を手にできる必然性があるということだと思います。

　みなさんも諦めずに、最後まで可能性を追求してくださいね。

日本語・中国語・英語 勘定科目対応表

日本語（Japanese）	中国語（Chinese）	英語（English）
資産勘定	**财产帐目**	**asset**
現金	现金 / 库存现金	cash
小口現金	备用金 / 小额现款	petty cash
当座預金	活期存款	current deposits
普通預金	银行存款	ordinary current deposits
定期預金	定期存款	time deposits
受取手形	应收票据	notes receivable
売掛金	应收账款	accounts receivable
商品（分記法）	商品	merchandise
貸付金	贷款	loans receivable
有価証券	有价证券	securities
繰越商品	结转商品	merchandise inventry
前払金	预付账款	advance payments−other
建物	建筑物	buildings
車両運搬具	车辆运输工具	vehicles
備品	备品	fixtures
土地	土地	land
消耗品	消耗品 / 易耗品	consumables
立替金	垫付款项	advances paid
未収金	其他应收款	other receivable
仮払金	暂付款	suspense payments
仮払消費税	临时付款消费税	suspense paid consumption taxes
負債勘定	**负债帐目**	**liability**
買掛金	应付账款	accounts payable
借入金	借款 / 拆入资金	loans payable
支払手形	应付票据	notes payable
未払金	未付款 / 其他应付款	other payable
未払消費税	应交消费税	accrued consumption taxes
未払税金	应交税金	accrued taxes
前受金	预收账款	advance from customers
預り金	存款	deposits received
従業員預り金	员工存款	deposits received from employees
仮受金	暂收款	suspense receipt
仮受消費税	临时接待处消费税	suspense receipt of consumption taxes
純資産（資本）勘定	**纯资产（资本）帐目**	**capital**
資本金	实收资本	capital stock
繰越利益剰余金	未分配利润结转	retained earnings brought forward
収益勘定	**收益帐目**	**revenue**
役務収益	服务收入	sales of services
受取利息	收领利息 / 利息收入	interest income
雑収入	杂项收入	miscellaneous income
売上	销售额	sales
有価証券売却益	获得出售证券	gain on sale of securities
雑益	杂乱的利益	miscellaneous profit
費用勘定	**费用帐目**	**expense**
給料	工资	salaries expense
広告費	广告费用	advertising expense
発送費	发送费用	delivery expenses
旅費	差旅费	traveling expenses
交通費	交通费	transportation expenses
通信費	通信费 / 通讯费	communication expenses
水道光熱費	水道光热费	utilities expense
消耗品費	消耗品费	supplies expenses
修繕費	修理费	repairs expense
保険料	保险费用	insurance expense
雑費	杂费	miscellaneous expenses
支払利息	支付利息	interest expense
仕入	采购 / 认购	purchases
貸倒引当金繰入（額）	坏帐准备金转入额数	provision of allowance for doubtful accounts
貸倒損失	坏账损失	bad debt expense
減価償却費	折旧费	depreciation expense
交際費	交际应酬费	entertainment expense
支払手数料	手续费支出	commission fee
租税公課	租税公共费	taxes and dues
有価証券売却損	出售损失	loss on sale of securities
雑損	杂项损失	miscellaneous loss
その他	**此外，帐目**	**other**
損益	损益	profit and loss account
現金過不足	现金溢缺	cash over and short
貸倒引当金	坏帐准备金	Allowance for doubtful accounts
引出金	抽屉金子	drawings

省略とメモリー機能で電卓上手

スピードアップのための電卓術 (ワザ)

電卓の上手な使い方をマスターすればスピードアップが図れ、得点力がアップします。
電卓を使いこなすテクニックを修得しましょう。

⏱ 3つの省略テクニックでスピードUP ⏱

今までふつうに叩いていたキーを省略してスピードアップを図りましょう。

省略テクニック❶ 「計算途中の = キーは省略できる」

練習問題

片道の交通費が電車賃 200 円とバス代 100 円です。往復だといくらでしょうか?

計算式:(200 円+ 100 円)× 2 = 600 円
普通の使い方: [2][00][+][1][00][=][×][2][=] 600

テクニック [2][00][+][1][00][×][2][=] 600

Point [=] キーは省略できます。

省略テクニック❷ 「 [0] を省略」

練習問題

販売価格 1,000 円で原価率 60%(0.6)の商品の原価はいくらでしょうか?

計算式:1,000 円× 0.6 = 600 円
普通の使い方: [1][00][0][×][0][.][6][=] 600

テクニック [1][00][0][×][.][6][=] 600

Point [0] は省略できます。

省略テクニック❸ 「 [%] キーを使って [=] キーを省略」

練習問題

販売価格 1,000 円で原価率 60%(0.6)の商品の原価はいくらでしょうか?

テクニック [1][00][0][×][6][0][%] 600

Point [=] キーを押す必要はありません。

省略で
差をつけよう

省略とメモリー機能で電卓上手

スピードアップのための電卓術（ワザ）

電卓の上手な使い方をマスターすればスピードアップが図れ、得点力がアップします。
電卓を使いこなすテクニックを修得しましょう。

メモリー機能を使いこなそう

「計算途中の結果を紙にメモした」経験がありませんか。でも電卓が覚えてくれるなら、その方が楽ですね。

紙に書く代わりに電卓に覚えさせるメモリー機能を使ってスピードアップを図りましょう。

メモリー機能は次の4つのキーで操作します。

キー	呼び方	機能
M+	メモリープラス	画面の数字を電卓のメモリーに加算し（足し込み）ます。
M−	メモリーマイナス	画面の数字を電卓のメモリーから減算し（引き）ます。
RM または MR	リコールメモリー	メモリーに入っている数字を画面に表示します。
CM または MC	クリアメモリー	メモリーに入っている数字をクリア（ゼロ）にします。

メモリー機能の練習

練習問題
100円の商品を3個と200円の商品を5個購入しました。総額でいくらでしょうか。

テクニック　　　　　　　　　　　　　　　　　　　　　　　　　　　　メモの必要なし

操作	電卓の表示	機能	メモリーの値
CA または AC と MC	0	計算結果やメモリーを全てクリアします。	0
1 00 × 3 M+	300	メモリーに300を加算します。	300
2 00 × 5 M+	1,000	メモリーに1,000を加算します。	1,300
RM または MR	1,300	メモリーに入っている数字を表示します。	1,300

■監修
　新田 忠誓　商学博士（一橋大学）
　　一橋大学名誉教授
　　日本簿記学会顧問、一般社団法人　資格教育推進機構代表理事
　　1977年　一橋大学大学院商学研究科博士課程単位修得
　　神奈川大学経済学部、慶應義塾大学商学部、一橋大学商学部・商学研究科などを経て、
　　現在、一橋大学名誉教授
　　公認会計士・不動産鑑定士・税理士試験委員など歴任。

■編著
　桑原 知之（ネットスクール株式会社）

■制作スタッフ
　茨木美紀　藤巻健二　中嶋典子　石川祐子　吉永絢子　吉川史織

■本文・表紙デザイン
　株式会社スマートゲート

本書の発行後に公表された法令等及び試験制度の改正情報、並びに判明した誤りに関する訂正情報については、弊社 WEB サイト内の『読者の方へ』にてご案内しておりますので、ご確認下さい。

https://www.net-school.co.jp/

なお、万が一、誤りではないかと思われる箇所のうち、弊社 WEB サイトにて掲載がないものにつきましては、**書名（ＩＳＢＮコード）**と誤りと思われる内容のほか、お客様の**お名前及びご連絡先（電話番号）**を明記の上、弊社まで**郵送または e-mail** にてお問い合わせ下さい。

＜郵送先＞　〒101 - 0054
　　　　　　東京都千代田区神田錦町 3 - 23 メットライフ神田錦町ビル 3 階
　　　　　　ネットスクール株式会社　正誤問い合わせ係
＜e-mail＞　seisaku@net-school.co.jp

※正誤に関するもの以外のご質問、本書に関係のないご質問にはお答えできません。
※**お電話によるお問い合わせはお受けできません。**ご了承下さい。
※回答及び内容確認のためにお電話を差し上げることがございますので、必ずご連絡先をお書きください。

全経　簿記能力検定試験　公式問題集　３級商業簿記

2024年 2 月20日　初版　第 1 刷発行

監 修 者　新　　田　　忠　　誓
編 著 者　桑　　原　　知　　之
発 行 者　桑　　原　　知　　之
発 行 所　ネットスクール株式会社
　　　　　　　　　出　版　本　部
　　　　　〒101-0054　東京都千代田区神田錦町3-23
　　　　　電話　03（6823）6458（営業）
　　　　　FAX　03（3294）9595
　　　　　https://www.net-school.co.jp/
DTP制作　ネットスクール株式会社
印刷・製本　日　経　印　刷　株　式　会　社

© Net-School 2024　　　Printed in Japan　　　ISBN 978-4-7810-0359-7

落丁・乱丁本はお取替えいたします。